Chrysostomus Ripplinger OSB

Die kirchliche Totenfeier

Chrysostomus Ripplinger OSB

Die kirchliche Totenfeier

Eine Handreichung
für die Trauergemeinde

Verlag Butzon & Bercker Kevelaer

Die Ständige Kommission für die Herausgabe der gemeinsamen liturgischen Bücher im deutschen Sprachgebiet erteilte für die aus diesen Büchern entnommenen Texte die Abdruckerlaubnis. Die darin enthaltenen biblischen Texte sind Bestandteil der von den Bischofskonferenzen des deutschen Sprachgebietes approbierten Einheitsübersetzung der Heiligen Schrift.

Das Deutsche Liturgische Institut erteilt für die aus „Kleines Rituale" entnommenen Texte die Abdruckerlaubnis.

Umschlagabbildung: L. Baur, Christusmosaik in der Benediktiner-Abtei Gerleve

Die Deutsche Bibliothek – CIP-Einheitsaufnahme

Ripplinger, Chrysostomus:
Die kirchliche Totenfeier : eine Handreichung für die Trauergemeinde / Chrysostomus Ripplinger. – Kevelaer : Butzon und Bercker, 1995
ISBN 3-7666-9968-7

ISBN 3-7666-9968-7

verlags gruppe engagement

Mit kirchlicher Druckerlaubnis Nr. 100 – 3.6 – 2/95
Münster, den 19. Mai 1995
Dr. Werner Thissen, Generalvikar
Umschlaggestaltung: v. d. H. Computersatz, Geldern
Satz: Kontext – Satz & Layout, Leipzig

Inhalt

Abkürzungen

Z.	= Zelebrant (Priester oder Diakon)
V.	= Vorbeter
A.	= Alle
GL	= Gotteslob. Katholisches Gebet- und Gesangbuch
N. bzw. N. N.	= nomen nominandum: „der zu nennende Name“
s. S.	= siehe Seite

Vorwort

Diese Handreichung ist für die Trauergemeinde gedacht. Die Sterbegebete sollen Angehörigen, dem Pflegepersonal und denen, die einem Menschen beim Sterben beistehen, eine Hilfe sein. Sterbenden soll in ihrer Angst und Not geholfen werden; und diejenigen, die ihnen beistehen, können selbst Trost aus der christlichen Botschaft schöpfen.
Die Trauergemeinde versammelt sich vielerorts zwischen Tod und Begräbnis zur Totenwache bzw. zum Totengebet. Hierfür werden drei Formulare angeboten.
Bei der Feier der Eucharistie gedenkt die Gemeinde des Leidens, des Todes und der Auferstehung Christi. Diese große Danksagung ist der Höhepunkt christlichen Gedenkens für Verstorbene. Die Einsegnung oder Verabschiedung findet zumeist in der Friedhofskapelle statt; sie ist aber auch in der Kirche oder im Sterbehaus möglich.
Ein Wortgottesdienst ist mancherorts üblich, wo die Eucharistiefeier zeitlich von der Beerdigung getrennt gefeiert werden muß.
Die Kapitel über *Kinderbegräbnis* und *Begräbnis eines toten neugeborenen Kindes* zeigen die pastorale Sorge der Kirche in allen Situationen der Trauer und Not, die im Handeln Gottes in der Liturgie ihren tiefsten Ausdruck findet.
Die Auswahltexte im Anhang bieten die Möglichkeit, dem örtlichen Brauchtum oder der Situation besser zu entsprechen.
Der Teil *Zeichen christlicher Hoffnung* gibt konkrete Hilfen bei Todesanzeigen, Kranzschleifen, Danksagungen und Totenbildern.

Dieser Handreichung liegt in den entsprechenden Teilen die überarbeitete 1989 herausgegebene Ausgabe „Die kirchliche Begräbnisfeier in den katholischen Bistümern des deutschen Sprachgebietes“ zugrunde.
Der Trauergemeinde wird hiermit eine übersichtliche Ausgabe in die Hand gegeben, so daß sie den verschiedenen kirchlichen Totenfeiern besser folgen und die Liturgie tätig mitvollziehen kann.

Chrysostomus Ripplinger OSB

Zur Einführung

„Die Einstellung vieler Menschen zu Sterben und Tod hat sich in den letzten Jahrzehnten deutlich verändert. Einerseits ist eine häufig wahrnehmbare Verdrängung des Todes nicht zu übersehen, andererseits gibt es ein zunehmendes Interesse am Phänomen des Todes sowie an der Begleitung sterbender Menschen", schreibt Bischof Dr. Karl Lehmann 1994 in seinem Vorwort in: „Die deutschen Bischöfe. Unsere Sorge um die Toten und die Hinterbliebenen. Bestattungskultur und Begleitung von Trauernden aus christlicher Sicht".

Bei der Totenliturgie geht es sowohl um die Toten als auch um die um sie Trauernden. Es handelt sich bei diesen liturgischen Feiern um einen Grunddienst einer christlichen Gemeinde, die durch ihre Fürbitte und ihr Mitfeiern ein Glaubenszeugnis ablegt, das sich bei der Übernahme von Diensten bei der Beerdigung weiter entfaltet.

Im Römerbrief schreibt der Apostel Paulus: „Keiner von uns lebt sich selber, und keiner stirbt sich selber: Leben wir, so leben wir dem Herrn, sterben wir, so sterben wir dem Herrn. Ob wir leben oder ob wir sterben, wir gehören dem Herrn. Denn Christus ist gestorben und lebendig geworden, um Herr zu sein über Tote und Lebende" (Röm 14,7–9).

Der Tod ist für die Menschen stets das größte und qualvollste Rätsel gewesen und geblieben, auf das uns nur aus dem Glauben heraus eine Antwort gegeben werden kann. Innerweltliche Lösungsversuche führen zu Resignation, Verzweiflung, Tabuisierung und zu einer fragwürdigen Ideologisierung. Bei einer zuneh-

menden Anonymisierung hat die christliche Verkündigung eine besondere Chance. Was heißt das? Sicher nicht: Hinein ins Anonyme, ins Unverbindliche, ins Namenlose, ins Auslöschen aus der Erinnerung nach dem Motto: Ich will mit dem Tod nichts zu tun haben.
Der christliche Glaube deutet das Geheimnis des Todes von Jesus Christus her. In seinem Leiden, Sterben und seiner Auferstehung hat Christus den Tod überwunden und uns den Weg zum Leben eröffnet. Durch die Sakramente – vor allem durch die Taufe und die Eucharistie – werden wir bereits hier auf Erden in Christi Tod und Auferstehung hineingenommen.
Die christliche Gemeinde weiß sich den Verstorbenen verbunden: Sie begräbt die Toten und betet für sie im Bewußtsein, daß sie dabei ihre „ureigene Aufgabe“ (Bischof Dr. Karl Lehmann) erfüllt.
Eine kirchliche Beerdigung ist immer eine Amtshandlung, ein Dienst an den verstorbenen Gläubigen, „deren Leib die Kirche ehrt und zugleich den Lebenden den Trost der Hoffnung gibt“ (can. 1176 § 2 CIC 1983).
Die Aufgabe des Tröstens besteht vielfach darin, Trauernden zu helfen, ihren Verlust zu ertragen. Dietrich Bonhoeffer drückt diese Situation folgendermaßen aus: „Es gibt nichts, was uns die Abwesenheit eines lieben Menschen ersetzen kann – und man sollte das auch gar nicht versuchen; man muß einfach aushalten und durchhalten. Das klingt zunächst sehr hart; aber es ist zugleich ein großer Trost. Denn indem die Lücke unausgefüllt bleibt, bleiben wir durch sie miteinander verbunden.
Es ist verkehrt, wenn man meint, daß Gott die Lücke ausfüllt. Er füllt sie gar nicht aus, sondern er läßt sie vielmehr gerade unausgefüllt und hilft uns dadurch, unsere Gemeinschaft miteinander, wenn auch unter Schmerzen, zu bewahren.“

Wo Tod und Trauer nicht mehr zum Leben gehören, wo sie nicht mehr gelebt werden dürfen, wo ihrer nicht mehr gedacht werden kann, dort ist auch das Christsein in Gefahr. Unsere Erfahrung zeigt: Ohne Achtung der Toten gibt es keine Achtung vor dem Leben. Wir Christen bekennen zu Recht im Credo: *Wir erwarten die Auferstehung der Toten und das Leben der kommenden Welt.*

Sterbegebete

Einführung

Die Liebe zum Nächsten drängt die Christen, die Verbundenheit mit dem sterbenden Bruder (der sterbenden Schwester) dadurch auszudrücken, daß sie mit ihm (ihr) und für ihn (sie) Gottes Erbarmen und gläubiges Vertrauen auf Christus erbitten.
Die Gebete, Litaneien, Stoßgebete, Psalmen und Schriftlesungen, die in diesem Kapitel für den Beistand in der Stunde des Sterbens zusammengestellt sind, zielen vor allem darauf ab, daß der (die) Sterbende, solange er (sie) noch bei Bewußtsein ist, die dem Menschen von Natur aus eigene Angst vor dem Tod im Glauben bewältigt. Es soll ihm (ihr) geholfen werden, diese Angst in der Nachfolge des leidenden und sterbenden Christus anzunehmen und in der Hoffnung auf das himmlische Leben und die Auferstehung in der Kraft dessen zu überwinden, der unseren Tod durch sein Sterben vernichtet hat.
Die Gläubigen aber, die dem (der) Sterbenden beistehen, auch wenn er (sie) schon nicht mehr bei Bewußtsein ist, sollen aus diesen Gebeten Trost schöpfen, indem sie den österlichen Sinn des christlichen Sterbens erkennen. Es ist oft hilfreich, diesen Sinn auch durch ein sichtbares Zeichen auszudrücken, etwa indem man dem (der) Sterbenden das Kreuz auf die Stirn zeichnet, wie es zum erstenmal vor seiner (ihrer) Taufe geschehen ist.
Die Gebete und Lesungen können aus den folgenden Texten frei ausgewählt, andere nach Bedarf hinzugefügt werden. Sie sollen immer dem geistigen und körperlichen Zustand des (der) Sterbenden, den jeweiligen

Umständen und der Verfassung der anderen Personen angepaßt sein. Sie mögen langsam vorgetragen werden, mit verhaltener Stimme und mit Pausen der Stille. Häufig wird es angebracht sein, das eine oder andere der angegebenen Stoßgebete mit dem (der) Sterbenden zu sprechen. Manchmal empfiehlt es sich, die Stoßgebete zwei- oder dreimal langsam zu wiederholen.
Sobald der Tod eingetreten ist, knien alle Anwesenden nieder (wenn die Umstände es gestatten), und einer der Anwesenden oder der Priester (Diakon) spricht das auf S. 27f. angegebene Gebet.

Kurzgebete

Was kann uns scheiden von der Liebe Christi? (Röm 8,35)

Ob wir leben oder ob wir sterben, wir gehören dem Herrn. (Röm 14,8)

Wir haben ein ewiges Haus im Himmel. (2 Kor 5,1)

Wir werden Gott sehen, wie er ist. (1 Joh 3,2)

Wir sind aus dem Tod in das Leben hinübergegangen, weil wir die Brüder lieben. (1 Joh 3,14)

Zu dir, Herr, erhebe ich meine Seele. (Ps 25,1)

Der Herr ist mein Licht und mein Heil. (Ps 27,1)

Ich bin gewiß, zu schauen die Güte des Herrn im Lande der Lebenden. (Ps 27,13)

Meine Seele dürstet nach dem lebendigen Gott. (Ps 42,3)

Muß ich auch wandern in finsterer Schlucht, ich fürchte kein Unheil; denn du bist bei mir. (Ps 23,4)

So spricht der Herr: Kommt her, die ihr von meinem Vater gesegnet seid, nehmt das Reich in Besitz, das für euch geschaffen worden ist. (Mt 25,34)

Amen, ich sage dir: Heute noch wirst du mit mir im Paradiese sein. (Lk 23,43)

Im Haus meines Vaters sind viele Wohnungen. (Joh 14,2)

Ich gehe hin, um euch einen Platz zu bereiten, und ich werde euch zu mir holen. (Joh 14,2–3)

Ich will, daß alle dort bei mir sind, wo ich bin. (Joh 17,24)

Alle, die an den Sohn glauben, haben das ewige Leben. (Joh 6,40)

Herr, in deine Hände leg' ich voll Vertrauen meinen Geist. (Ps 30,6a)

Herr Jesus, nimm meinen Geist auf. (Apg 7,59)

Heilige Maria, bitte für mich.

Heiliger Josef, bitte für mich.

Jesus, Maria, Josef, steht mir bei im letzten Kampfe.

Biblische Lesungen

Wir haben ein ewiges Haus im Himmel (2 Kor 5,1.6–10)

Lesung aus dem zweiten Brief an die Korinther.

Wir wissen: Wenn unser irdisches Zelt abgebrochen wird, dann haben wir eine Wohnung von Gott, ein nicht von Menschenhand errichtetes ewiges Haus im Himmel. Wir sind also immer zuversichtlich, auch wenn wir wissen, daß wir fern vom Herrn in der Fremde leben, solange wir in diesem Leib zu Hause sind; denn als Glaubende gehen wir unseren Weg, nicht als Schauende. Weil wir aber zuversichtlich sind, ziehen wir es vor, aus dem Leib auszuwandern und daheim beim Herrn zu sein. Deswegen suchen wir unsere Ehre darin, ihm zu gefallen, ob wir daheim oder in der Fremde sind. Denn wir alle müssen vor dem Richterstuhl Christi offenbar werden, damit jeder seinen Lohn empfängt für das Gute oder Böse, das er im irdischen Leben getan hat.

Oder:

Im Haus meines Vaters gibt es viele Wohnungen (Joh 14,1–3)

Lesung aus dem heiligen Evangelium nach Johannes.

Euer Herz lasse sich nicht verwirren. Glaubt an Gott, und glaubt an mich! Im Haus meines Vaters gibt es viele Wohnungen. Wenn es nicht so wäre, hätte ich euch dann gesagt: Ich gehe, um einen Platz für euch vorzubereiten? Wenn ich gegangen bin und einen Platz für euch vorbereitet habe, komme ich wieder und werde euch zu mir holen, damit auch ihr dort seid, wo ich bin.

Psalmen

Mein Gott, mein Gott, warum hast du mich verlassen? (Ps 22,2–6.10–12.23–26.29–32)

Mein Gott, mein Gott, warum hast du mich verlassen,
bist du fern meinem Schreien, den Worten meiner Klage?
Mein Gott, ich rufe bei Tag, doch du gibst keine Antwort;

ich rufe bei Nacht und finde doch keine Ruhe.
Aber du bist heilig,
du thronst über dem Lobpreis Israels.
Dir haben unsre Väter vertraut,
sie haben vertraut, und du hast sie gerettet.
Zu dir riefen sie und wurden befreit,
dir vertrauten sie und wurden nicht zuschanden.
Du bist es, der mich aus dem Schoß meiner Mutter zog,
mich barg an der Brust der Mutter.
Von Geburt an bin ich geworfen auf dich,
vom Mutterleib an bist du mein Gott.
Sei mir nicht fern, denn die Not ist nahe,
und niemand ist da, der hilft.
Ich will deinen Namen meinen Brüdern verkünden,
inmitten der Gemeinde dich preisen.
Die ihr den Herrn fürchtet, preist ihn,
ihr alle vom Stamm Jakobs, rühmt ihn;
erschauert alle vor ihm, ihr Nachkommen Israels!
Denn er hat nicht verachtet,
nicht verabscheut das Elend des Armen.
Er verbirgt sein Gesicht nicht vor ihm;
er hat auf sein Schreien gehört.
Deine Treue preise ich in großer Gemeinde;
ich erfülle meine Gelübde vor denen, die Gott fürchten.
Denn der Herr regiert als König;
er herrscht über die Völker.
Vor ihm allein sollen niederfallen
die Mächtigen der Erde,
vor ihm sich alle niederwerfen, die in der Erde ruhen.
Meine Seele, sie lebt für ihn;
mein Stamm wird ihm dienen.
vom Herrn wird man
dem künftigen Geschlecht erzählen,
seine Heilstat verkündet man dem kommenden Volk;
denn er hat das Werk getan.

Oder:

Der Herr ist mein Hirte (Ps 23,1–6)

Der Herr ist mein Hirte,
nichts wird mir fehlen.
Er läßt mich lagern auf grünen Auen
und führt mich zum Ruheplatz am Wasser.
Er stillt mein Verlangen;
er leitet mich auf rechten Pfaden, treu seinem Namen.
Muß ich auch wandern in finsterer Schlucht,
ich fürchte kein Unheil;
denn du bist bei mir,
dein Stock und dein Stab geben mir Zuversicht.
Du deckst mir den Tisch
vor den Augen meiner Feinde.
Du salbst mein Haupt mit Öl,
du füllst mir reichlich den Becher.
Lauter Güte und Huld werden mir folgen
mein Leben lang,
und im Haus des Herrn darf ich wohnen für lange Zeit.

Oder:

Meine Seele dürstet nach Gott (Ps 42,2.3.12)

Wie der Hirsch lechzt nach frischem Wasser
so lechzt meine Seele, Gott, nach dir.
Meine Seele dürstet nach Gott,
nach dem lebendigen Gott.
Wann darf ich kommen
und Gottes Antlitz schauen?
Meine Seele, warum bist du betrübt
und bist so unruhig in mir?
Harre auf Gott; denn ich werde ihm noch danken,
meinem Gott und Retter, auf den ich schaue.

Oder:

Gott, du mein Gott, dich suche ich (Ps 63,2–9)

Gott, du mein Gott, dich suche ich,
meine Seele dürstet nach dir.
Nach dir schmachtet mein Leib
wie dürres, lechzendes Land ohne Wasser.
Darum halte ich Ausschau nach dir im Heiligtum,
um deine Macht und Herrlichkeit zu sehen.
Denn deine Huld ist besser als das Leben;
darum preisen dich meine Lippen.
Ich will dich rühmen mein Leben lang,
in deinem Namen die Hände erheben.
Wie an Fett und Mark wird satt meine Seele,
mit jubelnden Lippen soll mein Mund dich preisen.
Ich denke an dich auf nächtlichem Lager
und sinne über dich nach, wenn ich wache.
Ja, du wurdest meine Hilfe;
jubeln kann ich im Schatten deiner Flügel.
Meine Seele hängt an dir,
deine rechte Hand hält mich fest.

Oder:

Lobe den Herrn, meine Seele (Ps 146,1b–10)

Lobe den Herrn, meine Seele!
Ich will den Herrn loben, solange ich lebe,
meinem Gott singen und spielen, solange ich da bin.
Verlaßt euch nicht auf Fürsten,
auf Menschen, bei denen es doch keine Hilfe gibt.
Haucht der Mensch sein Leben aus
und kehrt er zurück zur Erde,
dann ist es aus mit all seinen Plänen.
Wohl dem, dessen Halt der Gott Jakobs ist
und der seine Hoffnung
auf den Herrn, seinen Gott, setzt.

Der Herr hat Himmel und Erde gemacht,
das Meer und alle Geschöpfe;
er hält ewig die Treue.
Recht verschafft er den Unterdrückten,
den Hungernden gibt er Brot;
der Herr befreit die Gefangenen.
Der Herr öffnet den Blinden die Augen,
er richtet die Gebeugten auf.
Der Herr beschützt die Fremden
und verhilft den Waisen und Witwen zu ihrem Recht.
Der Herr liebt die Gerechten,
doch die Schritte der Frevler leitet er in die Irre.
Der Herr ist König auf ewig,
dein Gott, Zion, herrscht von Geschlecht zu Geschlecht.
Halleluja!

Oder es wird ein Kirchenlied vorgebetet, s. S. 115.

Gebete

Wenn der Augenblick des Verscheidens unmittelbar bevorzustehen scheint, kann je nach der religiösen Einstellung des Sterbenden, eines der folgenden Gebete gesprochen werden.

Mache dich auf den Weg,
Bruder (Schwester) in Christus,
im Namen Gottes, des allmächtigen Vaters,
der dich erschaffen hat;
im Namen Jesu Christi,
des Sohnes des lebendigen Gottes,
der für dich gelitten hat;
im Namen des Heiligen Geistes,
der über dich ausgegossen worden ist.
Heute noch sei dir im Frieden
deine Stätte bereitet,
deine Wohnung bei Gott im heiligen Zion,

mit der seligen Jungfrau
und Gottesmutter Maria,
mit dem heiligen Josef
und mit allen Engeln und Heiligen Gottes.

Oder:

Lieber Bruder (Liebe Schwester),
ich empfehle dich dem allmächtigen Gott.
Ihm vertraue ich dich an,
dessen Geschöpf du bist.
Kehre heim zu deinem Schöpfer,
der dich aus dem Staub der Erde gebildet hat.
Wenn du aus diesem Leben scheidest,
eile Maria dir entgegen
mit allen Engeln und Heiligen.
Christus befreie dich,
der für dich gekreuzigt wurde;
er befreie dich,
der für dich den Tod erlitten hat;
Christus, der Sohn des lebendigen Gottes,
gebe dir Wohnrecht in seinem Paradies.
Der wahre und gute Hirt
erkenne dich an als sein Eigen.
Er spreche dich los von allen deinen Sünden
und rechne dich zu seinen Erwählten.
Deinen Erlöser sollst du sehen
von Angesicht zu Angesicht,
Gott schauen in alle Ewigkeit.
A.: Amen.

Oder:

Nimm auf, Herr, deinen Diener (deine Dienerin)
an den Ort des Heiles, das er (sie) von deinem
Erbarmen erhoffen darf.
A.: Amen.

Befreie Herr, deinen Diener (deine Dienerin)
aus aller Drangsal.
A.: Amen.

Befreie Herr, deinen Diener (deine Dienerin),
wie du Noach von der Flut befreit hast.
A.: Amen.

Befreie Herr, deinen Diener (deine Dienerin),
wie du Abraham aus Ur in Chaldäa befreit hast.
A.: Amen.

Befreie Herr, deinen Diener (deine Dienerin),
wie du Ijob von seinen Leiden befreit hast.
A.: Amen.

Befreie Herr, deinen Diener (deine Dienerin),
wie du Mose aus der Hand des Pharao befreit hast.
A.: Amen.

Befreie Herr, deinen Diener (deine Dienerin),
wie du Daniel aus der Löwengrube befreit hast.
A.: Amen.

Befreie Herr, deinen Diener (deine Dienerin),
wie du die drei Jünglinge aus dem Feuerofen
und aus der Hand des Königs befreit hast.
A.: Amen.

Befreie Herr, deinen Diener (deine Dienerin),
wie du Susanna von der falschen Anklage
befreit hast.
A.: Amen.

Befreie Herr, deinen Diener (deine Dienerin),
wie du David aus der Hand des Königs Saul
und aus der Hand Goliats befreit hast.
A.: Amen.

Befreie Herr, deinen Diener (deine Dienerin),
wie du Petrus und Paulus
aus dem Gefängnis befreit hast.
A.: Amen.

Befreie Herr, deinen Diener (deine Dienerin)
durch Jesus, unseren Erlöser,
der für uns den bitteren Tod auf sich genommen
und uns das ewige Leben geschenkt hat.
A.: Amen.

Wir empfehlen dir, Herr, deinen Diener (deine Dienerin) **N.** und bitten dich,
Herr Jesus Christus, Heiland der Welt:
Nimm unseren Bruder (unsere Schwester)
gnädig in die Freude deines Reiches auf;
auch um seinetwillen (ihretwillen) bist du in deinem Erbarmen auf die Erde herabgekommen.
Mag er (sie) auch gesündigt haben,
so hat er (sie) doch den Vater, den Sohn und den Heiligen Geist nicht verleugnet;
er (sie) hat geglaubt
und Gott, den Schöpfer von allem, gläubig verehrt.

Es kann auch die folgende Antiphon gesprochen oder gesungen werden:

Sei gegrüßt, o Königin, Mutter der Barmherzigkeit, unser Leben, unsere Wonne und unsere Hoffnung, sei gegrüßt.
Zu dir rufen wir verbannte Kinder Evas,
zu dir seufzen wir,
trauernd und weinend in diesem Tal der Tränen.
Wohlan denn, unsere Fürsprecherin,
wende deine barmherzigen Augen uns zu
und zeige uns nach diesem Elende Jesus,
die gebenedeite Frucht deines Leibes,
o gütige, o milde, o süße Jungfrau Maria.

Gebete nach dem Verscheiden

Kommt herzu, ihr Heiligen Gottes,
eilt ihm (ihr) entgegen, ihr Engel des Herrn.

A.: Nehmt auf seine (ihre) Seele
und führt sie hin
vor das Antlitz des Allerhöchsten.

Christus nehme dich auf, der dich berufen hat, und in das Himmelreich sollen Engel dich geleiten.

A.: Nehmt auf seine (ihre) Seele
und führt sie hin
vor das Antlitz des Allerhöchsten.

Herr, gib ihm (ihr) die ewige Ruhe,
und das ewige Licht leuchte ihm (ihr).

A.: Nehmt auf seine (ihre) Seele
und führt sie hin
vor das Antlitz des Allerhöchsten.

Laßt uns beten:
Herr, unser Gott, wir empfehlen dir unseren Bruder (unsere Schwester) **N.** In den Augen der Welt ist er (sie) tot. Laß ihn (sie) leben bei dir. Und was er (sie) aus menschlicher Schwäche gefehlt hat, das tilge du in deinem Erbarmen. Durch Christus, unseren Herrn.
A.: Amen.

Oder:

Für einen Verkündiger des Evangeliums

Gott, unser Vater, durch deinen Sohn hast du Glück ohne Ende denen versprochen, die dein Reich suchen. Im Vertrauen auf sein Wort bitten wir dich für deinen Diener (deine Dienerin) **N.**, der sein (die ihr) Leben in den Dienst der Verkündigung gestellt hat: Nimm ihn

(sie) auf in die Freude seines (ihres) Herrn, in das Reich des Friedens und der Liebe, das er (sie) auf Erden vorbereitet hat und das du uns allen schenken willst. Durch Christus, unseren Herrn.
A.: Amen.

Oder:

Für einen verstorbenen Vater

Gott, von dem alle Vaterschaft ihren Namen hat, erbarme dich deines heimgegangenen Dieners **N.**, der für die Seinen als treuer Vater gesorgt hat. Nimm ihn auf in deinen Frieden und schenke ihm die Erfüllung aller Liebe und Treue. (Du Herr, siehst das Leid der Witwen und die Not der Waisen. Wir bitten dich:) Nimm alle, die er auf Erden zurückgelassen hat, in deinen gütigen Schutz, damit sie bei dir geborgen sind. Durch Christus, unseren Herrn.
A.: Amen.

Oder:

Für eine verstorbene Mutter

Herr Jesus Christus, Sohn Gottes, als Mensch geboren aus der Mutter Maria, erbarme dich deiner Dienerin **N.**, die du aus der Mitte ihrer Familie weggerufen hast. Vergilt ihr alle Liebe, die sie geschenkt hat, und laß sie ihren Angehörigen nahe bleiben durch ihre Fürbitte bei dir. Nimm alle, die sie zurückgelassen hat, in deinen Schutz. Der du lebst und herrschest in Ewigkeit.
A.: Amen.

Oder:

Für einen verstorbenen Jugendlichen

Gott, wir wissen, du bist der Herr des Lebens; du kannst es geben, du kannst es nehmen. Wir sind erschüttert durch den Tod von **N.**, der (die) unserer Liebe so früh entrissen wurde. Hilf uns Trost finden in der Hoffnung und schenke ihm (ihr) die Fülle des Lebens, für die er (sie) geschaffen ist. Durch Christus, unseren Herrn.
A.: Amen.

Oder:

Für einen plötzlich Verstorbenen

Herr und Gott,
laß dein Angesicht leuchten
über unserem Bruder (unserer Schwester) **N.**
und zeige an ihm (ihr),
der (die) uns so plötzlich entrissen wurde,
die unendliche Macht deiner Liebe.
Nimm ihn (sie) auf in dein Reich
und in die ewige Gemeinschaft mit dir.
Durch Christus, unseren Herrn. **A.:** Amen.

Oder:

Für einen nach langem Leiden Verstorbenen

Gott, unser Vater, der Tod hat unsern Bruder (unsere Schwester) **N.** vom Leiden erlöst. Voll Vertrauen wenden wir uns zu dir: Du hast deinen Sohn nach seinem Sterben machtvoll vom Tode erweckt. So schenke auch unserem Bruder (unserer Schwester) nach seinem (ihrem) schmerzvollen Leiden die Freude bei dir und hilf uns allen, auf dem Weg des Kreuzes zur Auferstehung zu gelangen. Durch Christus, unseren Herrn.
A.: Amen.

Oder:

In besonderen Situationen (I)

Gütiger Vater aller Menschen, wir bitten dich für deinen Diener (deine Dienerin) **N.**, dessen (deren) Leben durch Dunkelheit geführt hat. Befreie ihn (sie) von allem Leid und führe ihn (sie) zu Glück und Freude in deinem Reich. Vergib uns, was wir durch Unverständnis an ihm (ihr) gesündigt haben, und hilf uns verstehen, was du uns durch dieses Menschenleben sagen wolltest. Erhalte uns den Glauben, der die Welt überwindet, und führe den Tag herauf, der alles Stückwerk vollendet. Durch Christus, unseren Herrn.
A.: Amen.

Oder:

In besonderen Situationen (II)

Allmächtiger Gott, du allein kennst den Menschen; du hast ihn erschaffen, und was in ihm verborgen ist, liegt offen vor dir. Wenn das Herz uns anklagt, so bist du noch größer als unser Herz! Wir bitten dich für unseren Bruder (unsere Schwester) **N.** Sei ihm (ihr) ein gnädiger Richter und verzeih, was er (sie) in seinem (ihrem) Leben gefehlt hat. (Öffne uns die Augen und laß uns erkennen, was wir an dem Toten – an der Toten – versäumt haben.) Erhöre in deiner Güte unser Gebet und führe uns durch alles menschliche Versagen hindurch zu dir, dem Ziel unseres Lebens. So bitten wir durch Christus, unseren Herrn.
A.: Amen.

Der Rosenkranz

Das Rosenkranzgebet bringt uns in enge Verbindung mit dem Leben, dem Leiden und der Herrlichkeit Jesu, und es zeigt uns die Stellung, die Maria im Heilswerk hat. Indem der Rosenkranz uns anhält, dies zu betrachten, deutet er unser Leben und hebt es in das Licht des Glaubens. Durch die Wiederholung schafft der Rosenkranz einen Zustand des Betens. Daher ist er eine wichtige Form für die Gemeinschaft und für den einzelnen. Jedes Gesätz beginnt mit dem Vaterunser. Es folgt zehnmal das Ave Maria; nach dem Namen „Jesus" wird jedesmal das entsprechende Geheimnis eingefügt. Das Gesätz schließt mit dem Ehre sei dem Vater.

Eröffnung

Im Namen des Vaters ... Ich glaube an Gott ... Ehre sei dem Vater ... Vater unser ... Gegrüßet seist du, Maria ...

Jesus, der in uns den Glauben vermehre
Jesus, der in uns die Hoffnung stärke
Jesus, der in uns die Liebe entzünde

Ehre sei dem Vater ...

die freudenreichen Geheimnisse

Jesus, den du, o Jungfrau, vom heiligen Geist empfangen hast
Jesus, den du, o Jungfrau, zu Elisabet getragen hast
Jesus, den du, o Jungfrau, (in Betlehem) geboren hast
Jesus, den du, o Jungfrau, im Tempel aufgeopfert hast
Jesus, den du, o Jungfrau, im Tempel wiedergefunden hast

die schmerzhaften Geheimnisse

Jesus, der für uns Blut geschwitzt hat
Jesus, der für uns gegeißelt worden ist
Jesus, der für uns mit Dornen gekrönt worden ist
Jesus, der für uns das schwere Kreuz getragen hat
Jesus, der für uns gekreuzigt worden ist

die glorreichen Geheimnisse

Jesus, der von den Toten auferstanden ist
Jesus, der in den Himmel aufgefahren ist
Jesus, der uns den Heiligen Geist gesandt hat
Jesus, der dich, o Jungfrau, in den Himmel aufgenommen hat
Jesus, der dich, o Jungfrau, im Himmel gekrönt hat

Zur Abwechslung und Auflockerung können wir den Rosenkranz auch so beten, daß wir andere Geheimnisse über Glaubenswahrheiten oder biblische Geschehnisse einfügen, etwa:

die trostreichen Geheimnisse

Jesus, der als König herrscht
Jesus, der in seiner Kirche lebt und wirkt
Jesus, der wiederkommen wird in Herrlichkeit
Jesus, der richten wird die Lebenden und die Toten
Jesus, der alles vollenden wird

Totenwache

zwischen Tod und Begräbnis

Drei Wortgottesdienste für eine(n) Verstorbene(n)

Erster Tag

Selig die Toten, die im Herrn sterben

Eröffnung

Z.: Im Namen des Vaters und des Sohnes und des Heiligen Geistes. Amen.
Wir wollen des (der) **N.** gedenken, der (die) uns vorangegangen ist, bezeichnet mit dem Siegel der Taufe, daß er (sie) ruhe in Frieden.
Lasset uns beten: Wir bitten dich, Herr, führe ihn (sie) und alle, die in Christus entschlafen sind, in das Land der Verheißung, des Lichtes und des Friedens.

Lesung (Offb 14,13)

aus der Offenbarung des Johannes.

Ich, Johannes, hörte eine Stimme vom Himmel her rufen: Schreibe!
Selig die Toten, die im Herrn sterben, von jetzt an; ja, spricht der Geist, sie sollen ausruhen von ihren Mühen; denn ihre Werke begleiten sie.

Antwortpsalm (Ps 130,1–2.3–4.5–6b.6c–7a u. 8)

Ich hoffe auf den Herrn,
ich warte voll Vertrauen auf sein Wort.

Aus der Tiefe rufe ich, Herr, zu dir:
Herr, höre meine Stimme!
Wende dein Ohr mir zu,
achte auf mein lautes Flehen!

Würdest du, Herr, unsere Sünden beachten,
Herr, wer könnte bestehen?
Doch bei dir ist Vergebung,
damit man in Ehrfurcht dir dient.

Ich hoffe auf den Herrn, es hofft meine Seele,
ich warte voll Vertrauen auf sein Wort.
Meine Seele wartet auf den Herrn
mehr als die Wächter auf den Morgen.

Mehr als die Wächter auf den Morgen
soll Israel harren auf den Herrn.
Ja, er wird Israel erlösen
von all seinen Sünden.

Jetzt kann ein Teil des Rosenkranzgebetes eingefügt werden (s. S. 31f.)

Meditatives Gebet

V.: Heiliger, starker, unsterblicher Gott,
in unserer Not kommen wir zu dir.

A.: Heiliger, starker, unsterblicher Gott,
in unserer Not kommen wir zu dir.

V.: Wir machen uns so gern etwas vor,
wir leben so oft in Illusionen:
als seien wir durch uns selbst groß, wichtig, bedeutsam;
als könnten wir etwas aus eigener Kraft.

A.: Heiliger, starker, unsterblicher Gott,
in unserer Not kommen wir zu dir.

V.: Im Angesicht des Todes
gibst du uns die Chance der Wahrheit.
Hier schwinden die Illusionen,
hier fällt unsere Größe
wie ein Kartenhaus in sich zusammen.
Hier geht uns auf,
daß das Leben keinen Sinn hat,
daß die Welt keinen Sinn hat –
wenn du nicht wärest.
Hier sehen wir ein,
daß es für die Menschen nur eine Wahl gibt:
du oder das Nichts,
du oder das Absurde –
das furchtbar quälende,
absurde Nichts.

A.: Heiliger, starker, unsterblicher Gott,
in unserer Not kommen wir zu dir.

V.: Da wir aber an dich glauben –
mit deiner Hilfe
immer neu zu glauben uns bemühen –
an dich, den Lebendigen,
und an Jesus, deinen Sohn,
den du gesandt hast, uns zu retten –
so bitten wir dich:

A.: Heiliger, starker, unsterblicher Gott,
in unserer Not kommen wir zu dir.

V.: Hilf unserm Unglauben
und gib uns Zuflucht bei dir in unserm Schmerz.
Schenk uns deinen Heiligen Geist,
den Tröster und Lebensspender.
Sei du wirklich der Sinn unseres Lebens,

das Ziel unseres Planens und Handelns
und führe uns,
wie du versprochen hast,
durch den Tod zur seligen Gemeinschaft mit dir,
in der es kein Ende und keinen Abschied mehr gibt.

A.: Heiliger, starker, unsterblicher Gott,
in unserer Not kommen wir zu dir.

V.: Nimm unsern Bruder (unsere Schwester) in Gnaden auf.
Mach ihn (sie) frei von allem,
was ihn (sie) zurückhält
von der liebenden Vereinigung mit dir,
und laß ihn (sie) schon,
bevor noch alles neugestaltet ist,
bei Christus sein –
mit Christus geborgen in dir.

A.: Heiliger, starker, unsterblicher Gott,
in unserer Not kommen wir zu dir.

V.: Dies gewähre uns
durch das Erbarmen und die
Menschenfreundlichkeit deines Sohnes.
Mit ihm und dem lebenspendenden Heiligen Geist,
sei dir Ehre und Herrlichkeit
in alle Ewigkeit. Amen.

Fürbitten

Z.: Laßt uns das Erbarmen unseres Herrn Jesus Christus anrufen für alle Verstorbenen:

– Christus, Erlöser der Welt!
Reinige sie von Schuld und Sünde.

A.: Wir bitten dich, erhöre uns.

Z.: Vollende sie in deinem Leben.
Laß keinen von ihnen verlorengehn.
Vergilt ihnen alle Liebe und Sorge.

– Wir beten auch für jene, die um diese(n) Verstorbene(n) trauern:
Tröste sie in ihrem Schmerz. Festige ihren Glauben und stärke ihre Hoffnung.
Laß ihnen durch uns in Wort und Tat geholfen werden.

– Für uns selber und alle Lebenden, besonders für den aus unserer Mitte, der als erster dem (der) Verstorbenen vor das Angesicht Gottes folgen wird:
Schenke uns Reue und Umkehr.
Stärke und erhalte uns in deinem Dienst.
Führe unser Leben auf den Weg hin zu dir.

Z.: Herr, unser Gott, du bist allen nahe, die zu dir rufen. Auch wir rufen zu dir aus Not und Leid. Laß uns nicht versinken in Mutlosigkeit und Verzweiflung, sondern tröste uns durch deine Gegenwart. Gib uns die Kraft deiner Liebe, die stärker ist als der Tod. Mit unseren Verstorbenen führe auch uns zum neuen und ewigen Leben. Durch Christus, unsern Herrn. Amen.

Lied

O Haupt voll Blut und Wunden (GL 179)

Z.: Wir empfehlen uns und alle Verstorbenen der Güte und Barmherzigkeit Gottes.

Vaterunser

A.: Vater unser im Himmel,
Geheiligt werde dein Name.
Dein Reich komme.

Dein Wille geschehe,
wie im Himmel so auf Erden.
Unser tägliches Brot gib uns heute.
Und vergib uns unsere Schuld,
wie auch wir vergeben unsern Schuldigern.
Und führe uns nicht in Versuchung,
sondern erlöse uns von dem Bösen.
Denn dein ist das Reich
und die Kraft
und die Herrlichkeit
in Ewigkeit. Amen.

Segensgebet

Z.: Unser Vater, der den Menschen in seiner Güte erschaffen und uns im österlichen Sieg seines Sohnes Hoffnung auf die Auferstehung gegeben hat, tröste die Trauernden in diesem Glauben.
A.: Amen.

V.: Er schenke uns die Vergebung unserer Sünden und allen Verstorbenen sein Licht und seinen Frieden.
A.: Amen.

V.: Er, der unseren Mittler zu seiner Rechten erhöht hat, gebe uns mit Christus Leben ohne Ende.
A.: Amen.

V.: Das gewähre der dreieinige Gott, der Vater und der Sohn und der Heilige Geist.
A.: Amen.

Zweiter Tag

Heute noch wirst du mit mir im Paradies sein.

Eröffnung

Z.: Im Namen des Vaters und des Sohnes und des Heiligen Geistes. Amen.
Gepriesen sei der Gott und Vater Jesu Christi unseres Herrn, der Vater des Erbarmens und der Gott allen Trostes. Er tröstet uns in aller Not (2 Kor 1,3f.).
Laßt uns zum Herrn rufen für **N.**, der (die) durch den Tod aus diesem Leben abberufen wurde:
Herr Jesus,
du hast am Kreuz dein Blut vergossen, um unsere Sünden hinwegzunehmen.
Herr, erbarme dich.
A.: Herr, erbarme dich.

Christus, du bist aus dem Grab erstanden, um uns dem Tod zu entreißen.
Christus, erbarme dich.
A.: Christus erbarme dich.

Herr Jesus, du bist in die Herrlichkeit eingegangen, um uns den Zugang zum Leben zu erschließen.
Herr, erbarme dich.
A.: Herr, erbarme dich.

Z.: Gott, unser Vater, wir empfehlen dir unseren Bruder (unsere Schwester) **N.** Für ihn (sie) ist die Zeit der Pilgerschaft zu Ende. Befreie ihn (sie) von allem Bösen, daß er (sie) heimkehre in deinen ewigen Frieden. Öffne ihm (ihr) das Paradies, wo es keine Trauer mehr gibt, keine Klage und keinen Schmerz, sondern Friede und Freude mit deinem Sohn und dem Heiligen Geist in Ewigkeit. Amen.

Ruf vor dem Evangelium (Offb 1,5a.6b)

Lob sei dir, Herr, König der ewigen Herrlichkeit!

Jesus Christus ist der Erstgeborene der Toten.
Ihm sei die Herrlichkeit und die Macht in alle Ewigkeit.

Lob sei dir, Herr, König der ewigen Herrlichkeit!

Evangelium (Lk 23,33.39–43)

† Aus dem heiligen Evangelium nach Lukas.

Sie kamen zur Schädelhöhe; dort kreuzigten sie Jesus und die Verbrecher, den einen rechts von ihm, den andern links.
Einer der Verbrecher, die neben ihm hingen, verhöhnte ihn: Bist du denn nicht der Messias? Dann hilf dir selbst und auch uns! Der andere aber wies ihn zurecht und sagte: Nicht einmal du fürchtest Gott? Dich hat doch das gleiche Urteil getroffen.
Uns geschieht recht, wir erhalten den Lohn für unsere Taten; dieser aber hat nichts Unrechtes getan.
Dann sagte er: Jesus, denk an mich, wenn du in dein Reich kommst.
Jesus antwortete ihm: Amen, ich sage dir: Heute noch wirst du mit mir im Paradies sein.

Lied

Du König auf dem Kreuzesthron (GL 553)

Jetzt kann ein Teil des Rosenkranzes eingefügt werden (s. S. 31f.)

Meditatives Gebet

V.: Herr Jesus Christus,
viele von uns haben Neues erfunden
und Fortschritt gebracht
auf vielen Gebieten,
in bedeutsamen Dingen,
in tausend Einzelheiten
dieses vorläufigen Lebens.
Es ist uns sogar gelungen,
unser Durchschnittsalter um einige Jahre zu heben,
um mehrere Jahre,
um eine beträchtliche Anzahl von Jahren –
um Altersjahre
voll neuer Probleme und Mühen.
Du allein hast in deiner Auferstehung
eine Antwort auf die Frage des Todes gebracht.
Du allein hast den sinnlosen Kreislauf
des Blühens und Vergehens durchbrochen
und den Zugang zum bleibenden Leben eröffnet.
Deshalb bist du allein der Retter.

A.: Du allein der Heilbringer,
du allein der Messias.

V.: So bitten wir dich:
Nimm unser Leben, unsere Sehnsucht, unsern Schmerz,
nimm unsern Tod in deine Hand.
Vereine uns mit deinem Sterben am Kreuz
und führe uns so
zur Teilnahme an deinem neuen Dasein,
am Glück, das nicht mehr bedroht ist,
an der Freude, die nie mehr vergeht.
Dessen (derer) wir heute gedenken,
hat dir angehört als Glied an deinem Leibe.
Darum sei ihm (ihr) gnädig.

A.: Sei ihm (ihr) barmherzig,
du sein (ihr) Erlöser,
nimm ihn (sie) auf in das Reich deines Vaters.

V.: Uns aber lehre, immer auf dich zu vertrauen,
dein Kreuz mit dir zu tragen
und auch im Schmerz dich zu preisen.
Denn du bist gut und menschenfreundlich:

A.: Dir sei die Ehre, die Macht und die Herrlichkeit,
mit dem Vater und dem lebenspendenden Geist
in alle Ewigkeit. Amen.

Fürbitten

Z.: Herr, unser Gott, unsere Toten kehren heim zu dir. Wir aber bleiben mit ihnen verbunden; denn wir sind ein Leib in Christus und untereinander Glieder.
Herr, wir preisen dich mit unseren Brüdern und Schwestern, die in seliger Freude bei dir leben. Wir loben dich.
A.: Wir preisen dich.

Herr, wir preisen dich mit unseren Brüdern und Schwestern, die noch der Läuterung bedürfen; denn auch sie sind dein. Wir loben dich.
A.: Wir preisen dich.

Herr, wir preisen dich, daß wir unseren Verstorbenen helfen dürfen; höre unser Gebet und erhöre unsere Bitten. Wir loben dich.
A.: Wir preisen dich.

Herr, wir preisen dich auch um der Schmerzen und des Todes willen; denn unsere Trauer wandelst du in Freude, und durch dich wird der Tod zur Pforte des Lebens. Wir loben dich.
A.: Wir preisen dich.

Gott, laß uns in der Gemeinschaft mit denen, die du geheiligt hast, verbleiben und in dir die Vollendung finden.
Durch Christus, unsern Herrn. Amen.

Segensbitte

Wir empfehlen uns und alle Verstorbenen der Güte und der Barmherzigkeit Gottes.
A.: Vater unser ...

V.: Herr, gib ihm (ihr) und allen Verstorbenen die ewige Ruhe.
A.: Und das ewige Licht leuchte ihnen.

V.: Laß sie ruhen in Frieden.
A.: Amen.

Z.: Es segne und behüte uns der allmächtige Gott: der Vater und der Sohn und der Heilige Geist.
A.: Amen.

Dritter Tag

Niemand wird sie meiner Hand entreißen

Eröffnung

Z.: Im Namen des Vaters und des Sohnes und des Heiligen Geistes. Amen.
„Gott ist nicht ein Gott der Toten, sondern der Lebenden" (Mt 22,32). In diesem Glauben laßt uns betend des (der) verstorbenen **N.** gedenken und aller, die dieser Tod schmerzlich getroffen hat.
Herr Jesus Christus!
Du hast uns den Weg zum Vater gezeigt.
Herr, erbarme dich.
A.: Herr, erbarme dich.

Du hast durch deinen Tod der Welt das Leben geschenkt.
Christus erbarme dich.
A.: Christus, erbarme dich.

Du hast uns im Hause deines Vaters eine Wohnung bereitet.
Herr, erbarme dich.

Evangelium (Joh 10,14–15.27–29)

† Aus dem heiligen Evangelium nach Johannes.

In jener Zeit sprach Jesus: Ich bin der gute Hirt; ich kenne die Meinen; und die Meinen kennen mich, wie mich der Vater kennt und ich den Vater kenne; und ich gebe mein Leben hin für die Schafe.
Meine Schafe hören auf meine Stimme; ich kenne sie, und sie folgen mir. Ich gebe ihnen ewiges Leben. Sie werden niemals zugrunde gehen, und niemand wird sie meiner Hand entreißen.
Mein Vater, der sie mir gab, ist größer als alle, und niemand kann sie der Hand meines Vaters entreißen.

Psalm 23

Kehrvers
Der Herr ist mein Hirt;
er führt mich an Wasser des Lebens.
Der Herr ist mein Hirte,
nichts wird mir fehlen.
Er läßt mich lagern auf grünen Auen
und führt mich zum Ruheplatz am Wasser.
Er stillt mein Verlangen;
er leitet mich auf rechten Pfaden, treu seinem Namen.
Muß ich auch wandern in finsterer Schlucht,
ich fürchte kein Unheil;

denn du bist bei mir,
dein Stock und dein Stab geben mir Zuversicht.
Du deckst mir den Tisch
vor den Augen meiner Feinde.
Du salbst mein Haupt mit Öl,
du füllst mir reichlich den Becher.
Lauter Güte und Huld werden mir folgen
mein Leben lang,
und im Haus des Herrn darf ich wohnen für lange Zeit.
Ehre sei dem Vater und dem Sohn
und dem Heiligen Geist,
wie im Anfang, so auch jetzt und alle Zeit
und in Ewigkeit. Amen.
Kehrvers

Jetzt kann ein Teil des *Rosenkranzes* eingefügt werden
(s. S. 31f.)

Litanei für Verstorbene

V./A.: Herr, erbarme dich.
V./A.: Christus, erbarme dich.
V./A.: Herr, erbarme dich.
V.: Christus, höre uns.
A.: Christus, erhöre uns.
V.: Gott Vater im Himmel,
A.: erbarme dich unser.

Gott Sohn, Erlöser der Welt
Gott Heiliger Geist
Heiliger dreifaltiger Gott
V.: Heilige Maria, aufgenommen in den Himmel,
A.: bitte(t) für sie (ihn).

Du unsere Mutter
Du Zuflucht der Sünder
Du Trost der Trauernden

Heiliger Josef
Heiliger Michael
Heilige(r) **N.** (Namenspatron des Verstorbenen)
Ihr Heiligen unseres Landes
Alle Heiligen Gottes

V.: Deinen Tod, o Herr, verkünden wir,
A.: und deine Auferstehung preisen wir,
bis du kommst in Herrlichkeit.

V.: Jesus, am Kreuz gestorben,
A.: erbarme dich ihrer (seiner).

Hinabgestiegen zu den Toten
Auferstanden in Herrlichkeit
Du Kraft für die Sterbenden
Du Tür zum Leben und einzige Hoffnung

V.: Wir bitten dich für unsere Toten:
A.: gib ihnen die ewige Freude.

Reinige sie von ihrer Schuld
Ergänze, was ihrem Leben fehlt
Vollende sie im Reich des Vaters

V.: Deinen Tod, o Herr, verkünden wir.
A.: und deine Auferstehung preisen wir,
bis du kommst in Herrlichkeit.

V.: Jesus, sei uns gnädig:
A.: Herr und Gott, verschone uns.

Sei uns barmherzig
Von allem Bösen
Von aller Sünde
Von Haß und Feindschaft
Von der Angst vor dem Tod
Vor der Angst vor dem Leben

Durch dein Kreuz und Leiden
Durch die Hingabe deines Lebens
Durch dein Blut, das für uns vergossen ist
Durch deine Auferstehung zu neuem Leben
Durch dein Kommen, das wir erwarten

V.: Deinen Tod o Herr, verkünden wir,
A.: und deine Auferstehung preisen wir,
bis du kommst in Herrlichkeit.

V.: Wir armen Sünder,
A.: wir bitten dich, erhöre uns

Daß wir unsere Sünden bereuen
Daß wir einander verzeihen
Daß wir an dich glauben
Daß wir auf dich hoffen
Daß wir dich lieben
Daß wir in dir leben
Daß unsere Toten bei dir leben

V.: Lasset uns beten, wie der Herr uns gelehrt hat:
A.: Vater unser im Himmel ... Denn dein ist das Reich ...

Segensgebet

Z.: Der allmächtige Gott, der in Christus den neuen Bund mit uns geschlossen hat, halte uns die Treue, verzeihe unsere Schuld und stärke unsere Schwäche.
A.: Amen.

Z.: Er, der Christus nicht der Macht des Todes überließ, bewahre uns vor allem Zweifel, nehme uns die Angst vor dem Sterben und gebe uns die Hoffnung auf die Überwindung des Todes.
A.: Amen.

Z.: Der heilige Gott, der seinen Sohn zum Richter über Lebende und Tote bestellt hat, lasse uns den Tag des Gerichts bestehen und rufe uns zum Hochzeitsmahl des ewigen Lebens.
A.: Amen.

Z.: Der Herr segne und behüte uns. Er wende uns sein Angesicht zu und gebe uns Frieden in der Gemeinschaft mit seinem Sohn und dem Heiligen Geist.
A.: Amen.

Lied

Das ist der Tag, den Gott gemacht (GL 220,2–5)

Eucharistiefeier

Bei der Begräbnismesse soll die Osterkerze an einem hervorgehobenen Platz stehen, gegebenenfalls beim Sarg.

Eröffnung

Eröffnungsgesang

Herr, gib ihnen das ewige Leben,
und das ewige Licht leuchte ihnen.

Begrüßung

Z.: Im Namen des Vaters und des Sohnes und des Heiligen Geistes. Amen.
Der Herr sei mit euch.
A.: Und mit deinem Geiste.

Schuldbekenntnis

Ich bekenne Gott, dem Allmächtigen, und allen Brüdern und Schwestern, daß ich Gutes unterlassen und Böses getan habe – ich habe gesündigt in Gedanken, Worten und Werken – durch meine Schuld, durch meine Schuld, durch meine große Schuld.
Darum bitte ich die selige Jungfrau Maria, alle Engel und Heiligen und euch, Brüder und Schwestern, für mich zu beten bei Gott, unserm Herrn.

Kyrie-Rufe (Melodie GL 495)

V.: Herr Jesus, auferstanden von den Toten:
A.: Kyrie eleison.

V.: Dein Kreuz ist unsere Hoffnung:
A.: Kyrie ...

V.: Du reinigst uns von der Sünde:
A.: Christe ...

V.: Du gibst den Toten ewiges Leben:
A.: Christe ...

V.: Du wirst wiederkommen in Herrlichkeit:
A.: Kyrie ...

V.: Du sammelst die Menschen im Reich des Vaters:
A.: Kyrie ...

Tagesgebet

Gott, du allein bist gut und allezeit barmherzig.
Wir bitten dich für unseren Bruder
(unsere Schwester) **N.**,
den (die) du (heute) zu dir gerufen hast.
An dich hat er (sie) geglaubt und auf dich gehofft;
führe ihn (sie) zur wahren Heimat,
laß ihn (sie) die ewige Freude genießen
und in deinem Frieden geborgen sein.
Darum bitten wir durch Jesus Christus.

Wortgottesdienst

Lesung (Röm 14,7–9.10c–12)

Ob wir leben oder ob wir sterben, wir gehören dem Herrn

Lesung aus dem Brief des Apostels Paulus an die Römer.
Schwestern und Brüder! Keiner von uns lebt sich selber, und keiner stirbt sich selber: Leben wir, so leben wir dem Herrn, sterben wir, so sterben wir dem Herrn. Ob wir leben oder ob wir sterben, wir gehören dem Herrn. Denn Christus ist gestorben und lebendig geworden, um Herr zu sein über Tote und Lebende.
Wir werden alle vor dem Richterstuhl Gottes stehen.
Denn es heißt in der Schrift: So wahr ich lebe, spricht der Herr, vor mir wird jedes Knie sich beugen, und jede Zunge wird Gott preisen.
Also wird jeder von uns vor Gott Rechenschaft über sich selbst ablegen.

Antwortpsalm (Ps 27,1–2,4–5,6b–9a)

Kehrvers
Der Herr ist mein Licht und mein Heil

Der Herr ist mein Licht und mein Heil:
Vor wem sollte ich mich fürchten?
Der Herr ist die Kraft meines Lebens:
Vor wem sollte mir bangen?
Dringen Frevler auf mich ein,
um mich zu verschlingen,
meine Bedränger und Feinde,
sie müssen straucheln und fallen.
Nur eines erbitte ich vom Herrn,
danach verlangt mich:

Im Haus des Herrn zu wohnen
alle Tage meines Lebens,
die Freundlichkeit des Herrn zu schauen
und nachzusinnen in seinem Tempel.
Denn er birgt mich in seinem Haus
am Tage des Unheils;
er beschirmt mich im Schutz seines Zeltes,
er hebt mich auf einen Felsen empor.
Ich will Opfer darbringen in seinem Zelt,
Opfer mit Jubel;
dem Herrn will ich singen und spielen –
Vernimm, o Herr, mein lautes Rufen
sei mir gnädig und erhöre mich!
Mein Herz denkt an dein Wort:
„Sucht mein Angesicht!"
Dein Angesicht, Herr, will ich suchen.
Verbirg nicht dein Gesicht vor mir;
weise deinen Knecht im Zorn nicht ab!
Du wurdest meine Hilfe.

Ruf vor dem Evangelium

Halleluja. Halleluja.
(oder: Lob sei dir, Herr, König der ewigen Herrlichkeit!)

So spricht der Herr:
Es ist der Wille meines Vaters,
daß keiner verlorengeht von denen,
die er mir gegeben hat,
sondern daß ich sie auferwecke am Jüngsten Tag.

Halleluja.
(oder: Lob sei dir, Herr, König der ewigen Herrlichkeit!)

Evangelium (Joh 6,37–40)

† Aus dem heiligen Evangelium nach Johannes.

In jener Zeit sprach Jesus zu der Menge: Alles, was der Vater mir gibt, wird zu mir kommen, und wer zu mir kommt, den werde ich nicht abweisen; denn ich bin nicht vom Himmel herabgekommen, um meinen Willen zu tun, sondern den Willen dessen, der mich gesandt hat.
Es ist aber der Wille dessen, der mich gesandt hat, daß ich keinen von denen, die er mir gegeben hat, zugrunde gehen lasse, sondern daß ich sie auferwecke am Letzten Tag.
Denn es ist der Wille meines Vaters, daß alle, die den Sohn sehen und an ihn glauben, das ewige Leben haben, und daß ich sie auferwecke am Letzten Tag.

(Homilie)

Fürbitten

Z.: Laßt uns beten zu unserem Herrn Jesus Christus für den verstorbenen Herrn **N.** (für die verstorbene Frau **N.**):

– Vollende an unserem Verstorbenen (unserer Verstorbenen), was du in der Taufe an ihm (ihr) begonnen hast.

– Nimm von ihm (ihr) alle Schuld, und schenke ihm (ihr) Anteil an deinem Licht und Frieden.

– Sei denen nahe, die dieser Tod niederdrückt.

– Hilf allen, die du in diesen Tagen zu dir rufst.

– Laß uns leben in der Hoffnung auf die Vollendung durch dich.

Z.: Herr, Jesus Christus, du bist der Weg, die Wahrheit und das Leben. Tröste uns in unserer Not und Trauer. Amen.

Eucharistiefeier

Gabengebet

Barmherziger Gott,
wir bringen unsere Gaben dar
für deinen Diener (deine Dienerin) **N.**
In seinem (ihrem) Leben hat er (sie)
an Christus, unseren Erlöser und Heiland, geglaubt;
darum sei ihm (ihr) Christus
auch ein gnädiger Richter.
Er, der mit dir lebt und herrscht in alle Ewigkeit.

Hochgebet

Z.: Der Herr sei mit euch.
A.: Und mit deinem Geiste.
Z.: Erhebet die Herzen.
A.: Wir haben sie beim Herrn.
Z.: Lasset uns danken dem Herrn, unserm Gott.
A.: Das ist würdig und recht.

Präfation von den Verstorbenen I

Die Hoffnung der Gläubigen

In Wahrheit ist es würdig und recht, dir, Herr, heiliger Vater, allmächtiger, ewiger Gott, immer und überall zu danken durch unseren Herrn Jesus Christus.
In ihm erstrahlt uns die Hoffnung, daß wir zur Seligkeit auferstehn. Bedrückt uns auch das Los des siche-

ren Todes, so tröstet uns doch die Verheißung der künftigen Unsterblichkeit. Denn deinen Gläubigen, o Herr, wird das Leben gewandelt, nicht genommen. Und wenn die Herberge der irdischen Pilgerschaft zerfällt, ist uns im Himmel eine ewige Wohnung bereitet. Darum singen wir mit den Engeln und Erzengeln, den Thronen und Mächten und mit all den Scharen des himmlischen Heeres den Hochgesang von deiner göttlichen Herrlichkeit:
Heilig, heilig, heilig ...

Weitere Präfationen siehe Meßbuch II, S. 454–461

Sanctus

Heilig, heilig, heilig
Gott, Herr aller Mächte und Gewalten.
Erfüllt sind Himmel und Erde
von deiner Herrlichkeit.
Hosanna in der Höhe.
Hochgelobt sei,
der da kommt im Namen des Herrn.
Hosanna in der Höhe.

Während des Hochgebetes antworten auf den Ruf des

Z.: Geheimnis des Glaubens.
A.: Deinen Tod, o Herr, verkünden wir,
und deine Auferstehung preisen wir,
bis du kommst in Herrlichkeit.

Das Hochgebet endet mit den Worten des

Z.: Durch ihn und mit ihm und in ihm
ist dir, Gott, allmächtiger Vater,
in der Einheit des Heiligen Geistes
alle Herrlichkeit und Ehre jetzt und in Ewigkeit.
A.: Amen.

Kommunion

Z.: Lasset uns beten, wie der Herr uns zu beten gelehrt hat.
A.: Vater unser im Himmel, Geheiligt werde dein Name. Dein Reich komme. Dein Wille geschehe, wie im Himmel so auf Erden. Unser tägliches Brot gib uns heute. Und vergib uns unsere Schuld, wie auch wir vergeben unsern Schuldigern. Und führe uns nicht in Versuchung, sondern erlöse uns von dem Bösen.

Z.: Erlöse uns, Herr, allmächtiger Vater, von allem Bösen und gib Frieden in unseren Tagen. Komm uns zu Hilfe mit deinem Erbarmen und bewahre uns vor Verwirrung und Sünde, damit wir voll Zuversicht das Kommen unseres Erlösers Jesus Christus erwarten.
A.: Denn dein ist das Reich und die Kraft und die Herrlichkeit in Ewigkeit. Amen.

Z.: Der Friede des Herrn sei allezeit mit euch.
A.: Und mit deinem Geiste.

Nach dem Friedensgruß kann der Priester dazu auffordern, einander ein Zeichen des Friedens, der Einheit und Verbundenheit zu geben.

Brotbrechen mit Agnus Dei

A.: Lamm Gottes, du nimmst hinweg
die Sünde der Welt:
erbarme dich unser.
Lamm Gottes, du nimmst hinweg
die Sünde der Welt:
erbarme dich unser.
Lamm Gottes, du nimmst hinweg
die Sünde der Welt:
gib uns deinen Frieden.

Einladung zur Kommunion

Z.: Seht das Lamm Gottes, das hinwegnimmt die Sünde der Welt.
A.: Herr, ich bin nicht würdig, daß du eingehst unter mein Dach, aber sprich nur ein Wort, so wird meine Seele gesund.
Z.: Selig, die zum Hochzeitsmahl des Lammes geladen sind.

Kommunionvers

Das ewige Licht leuchte ihnen, o Herr, bei deinen Heiligen in Ewigkeit;
denn du bist unser Vater.
Herr, gib ihnen die ewige Ruhe, und das ewige Licht leuchte ihnen;
denn du bist unser Vater.

Schlußgebet

Allmächtiger Gott,
unser Bruder (unsere Schwester) **N.**
ist (heute) aus dieser Welt zu dir heimgekehrt.
Reinige ihn (sie) durch die Kraft dieses Opfers,
befreie ihn (sie) von der Last seiner (ihrer) Sünden
und laß ihn (sie) auferstehen zur ewigen Freude.
Darum bitten wir durch Christus, unseren Herrn.

Entlassung mit Segen

Schlußsegen

Z.: Der Herr sei mit euch.
A.: Und mit deinem Geiste.

Z.: Es segne euch der allmächtige Gott, der Vater und der Sohn und der Heilige Geist.
A.: Amen.

Z.: Gehet hin in Frieden.
A.: Dank sei Gott, dem Herrn.

Feierlicher Schlußsegen

Z.: Die Gnade seines Segens schenke euch der Gott allen Trostes, der uns aus Liebe erschaffen und uns in Christus die Hoffnung auf die selige Auferstehung geschenkt hat.
A.: Amen.

Z.: Den Lebenden gewähre er die Verzeihung der Sünden, die Verstorbenen führe er in sein Licht und seinen Frieden.
A.: Amen.

Z.: Der Lebenden und der Toten erbarme sich Christus, der wahrhaft aus dem Grabe erstanden ist.
A.: Amen.

Z.: Das gewähre euch der dreieinige Gott, der Vater und der Sohn † und der Heilige Geist.
A.: Amen.

Z.: Gehet hin in Frieden.
A.: Dank sei Gott, dem Herrn.

Einsegnung oder Verabschiedung

Begrüßung

Zu Beginn besprengt der Zelebrant den Sarg mit Weihwasser. Dann formuliert er die Begrüßung mit eigenen Worten oder spricht eine oder mehrere der folgenden Formulare.

Z.: Im Namen des Vaters und des Sohnes und des heiligen Geistes. Amen.
Der Vater des Erbarmens und der Gott allen Trostes sei mit euch.
A.: Und mit deinem Geiste.

Oder:
Z.: Gepriesen sei der Gott und Vater Jesu Christi, unseres Herrn, der Vater des Erbarmens und der Gott allen Trostes. Er tröstet uns in all unserer Not (2 Kor 1,3–4a).

Oder:
Z.: So spricht der Herr: Kommt alle zu mir, die ihr euch plagt und schwere Lasten zu tragen habt. Ich werde euch Ruhe verschaffen (Mt 11,28).

Oder:
Z.: Vertrau auf Gott, er wird dir helfen, hoffe auf ihn, er wird deine Wege ebnen (Sir 2,6).

Oder:
Z.: Wir sind zusammengekommen, um Abschied zu nehmen von unserem Bruder (unserer Schwester) **N.** Dieser Tod erfüllt die Angehörigen und viele von uns mit Schmerz. Wir alle möchten zum Ausdruck bringen, daß wir an ihrer Trauer mittragen. Als Christen leben

wir aus dem Glauben, daß der Tod nicht Ende, sondern Beginn eines neuen Lebens ist. Aus diesem Glauben schöpfen wir Trost und Zuversicht.

Psalm 130

Z.: Im Vertrauen auf die Barmherzigkeit Gottes bitten wir um Verzeihung der Sünden.

Kehrvers
Beim Herrn ist Barmherzigkeit und reiche Erlösung.

Aus der Tiefe rufe ich, Herr, zu dir
Herr, höre meine Stimme!
Wende dein Ohr mir zu,
achte auf mein lautes Flehen!
Würdest du, Herr, unsere Sünden beachten,
Herr, wer könnte bestehen!
Doch bei dir ist Vergebung,
damit man in Ehrfurcht dir dient.
Ich hoffe auf den Herrn, es hofft meine Seele,
ich warte voll Vertrauen auf sein Wort.
Meine Seele wartet auf den Herrn
mehr als die Wächter auf den Morgen.
Mehr als die Wächter auf den Morgen
soll Israel harren auf den Herrn.
Denn beim Herrn ist die Huld,
bei ihm ist Erlösung in Fülle.
Ja, er wird Israel erlösen
von all seinen Sünden.
Ehre sei dem Vater und dem Sohn
und dem Heiligen Geist.
Wie im Anfang, so auch jetzt und alle Zeit
und in Ewigkeit. Amen.
Kehrvers

Kyrie-Rufe

Z.: Herr Jesus Christus!
Du bist für uns gestorben:
Herr, erbarme dich (unser).
A.: Herr, erbarme dich (unser).

Z.: Du bist vom Tode auferstanden:
Christus, erbarme dich (unser).
A.: Christus, erbarme dich (unser).

Z.: Du bist uns zum Vater vorausgegangen:
Herr, erbarme dich (unser).
A.: Herr, erbarme dich (unser).

Oder:
Z.: Herr Jesus Christus!
Durch deine Menschwerdung hast du uns Anteil gegeben am Leben Gottes:
Herr, erbarme dich (unser).
A.: Herr, erbarme dich (unser).

Z.: Durch deinen Tod hast du uns das Tor zum Leben geöffnet:
Christus, erbarme dich (unser).
A.: Christus, erbarme dich (unser).

Z.: Durch deine Auferstehung hast du uns die Hoffnung auf das ewige Leben geschenkt:
Herr, erbarme dich (unser).
A.: Herr, erbarme dich (unser).

Schlußgebete

Z.: Gott, unser Vater, wir empfehlen dir unsern Bruder (unsere Schwester) **N.** Für ihn (sie) ist die Zeit der Pilgerschaft zu Ende. Befreie ihn (sie) von allem Bösen, daß er (sie) heimkehre in deinen ewigen Frieden. Öffne ihm (ihr) das Paradies, wo es keine Trauer mehr

gibt, keine Klage und keinen Schmerz, sondern Friede und Freude mit deinem Sohn und dem Heiligen Geist in Ewigkeit.
A.: Amen.

Oder:
Z.: Barmherziger Vater und tröstender Gott. In deiner Liebe bist du uns nahe. Du führst uns auf allen unsern Wegen. Blicke auf diese Familie, die um einen lieben Verstorbenen (eine liebe Verstorbene) trauert. Tröste sie in ihrem Schmerz und erhelle ihr das Dunkel dieser Stunde durch das Licht des Glaubens. Dein Sohn hat in seinem Sterben den Tod bezwungen und das Leben neu geschaffen. Hilf uns, unerschütterlich auf ihn zu vertrauen. Nimm deinen Diener (deine Dienerin) **N.** bei dir auf und führe uns alle zusammen in deinem Reich. Durch Christus, unsern Herrn.
A.: Amen.

Oder:
Z.: Herr Jesus Christus, du hast dich dem Tod ausgeliefert, damit alle Menschen Heil finden und durch den Tod zum Leben gelangen. Wir bitten dich: Tröste die Angehörigen, die um ihren Vater (ihre Mutter) trauern und für ihn (sie) beten. Du hast denen, die glauben, durch deinen Tod den Eingang zum Leben geöffnet; führe auch ihn (sie) in dein Licht und in deinen Frieden. Der du lebst und herrscht in Ewigkeit.
A.: Amen.

Oder:
Z.: Herr Jesus Christus, du willst, daß alle zu dir kommen, die der Vater dir gegeben hat. Führe unsern Bruder (unsere Schwester) in die ewige Heimat. Er (sie) verläßt das Haus, in dem er (sie) auf Erden gewohnt hat: Nimm ihn (sie) auf in die himmlischen Wohnungen. Uns aber, die zurückbleiben, gib die Kraft, daß

wir in unserm ganzen Leben dir entgegengehen. Der du lebst und herrschst in Ewigkeit.
A.: Amen.

Oder:
Z.: Allmächtiger Gott, hilflos stehen wir dem Sterben unserer Lieben gegenüber; es fällt uns schwer, deine Pläne zu begreifen und zu bejahen. Der Tod ist unabänderlich. Du aber hast uns deinen Sohn gesandt und ihn für uns alle dahingegeben. Darum können uns weder Trübsal noch Bedrängnis, ja nicht einmal der Tod von deiner Liebe trennen. Erhalte in uns diesen Glauben und führe unsern Bruder (unsere Schwester) zum neuen Leben. Durch Christus, unsern Herrn.
A.: Amen.

Wortgottesdienst in der Friedhofskapelle

Eröffnung

kann mit Gesang oder Musik eingeleitet werden.
Der Sarg wird mit Weihwasser besprengt.

Begrüßung

Z.: Im Namen des Vaters und des Sohnes und des Heiligen Geistes. Amen.
Der Vater des Erbarmens und der Gott allen Trostes sei mit euch.
A.: Und mit deinem Geiste.

Oder:
Z.: Gepriesen sei der Gott und Vater unseres Herrn Jesus Christus, der Vater des Erbarmens und der Gott allen Trostes. Er tröstet uns in aller Not (2 Kor 1,3.4a).

Oder:
Z.: So spricht der Herr: Kommt alle zu mir, die ihr euch plagt und schwere Lasten zu tragen habt. Ich werde euch Ruhe verschaffen (Mt 11,28).

Oder:
Z.: Vertrau auf Gott, er wird dir helfen, hoffe auf ihn, er wird deine Wege ebnen (Sir 2,6).

Oder:
Z.: Wir sind zusammengekommen, um Abschied zu nehmen von unserem Bruder (unserer Schwester) **N.** Dieser Tod erfüllt die Angehörigen und viele von uns

mit Schmerz. Wir alle möchten zum Ausdruck bringen, daß wir an ihrer Trauer mittragen. Als Christen leben wir aus dem Glauben, daß der Tod nicht Ende, sondern Beginn eines neuen Lebens ist. Aus diesem Glauben schöpfen wir Trost und Zuversicht.

Kyrie-Rufe

Z.: Herr Jesus Christus!
Du hast uns den Weg zum Vater gezeigt:
Herr, erbarme dich.
A.: Herr, erbarme dich.

Z.: Du hast durch deinen Tod der Welt das Leben geschenkt: Christus, erbarme dich.
A.: Christus, erbarme dich.

Z.: Du hast uns im Hause deines Vaters eine Wohnung bereitet: Herr, erbarme dich.
A.: Herr, erbarme dich.

Oder:
Z.: Du bist für uns gestorben.
Du bist vom Tode auferstanden.
Du bist uns zum Vater vorausgegangen.

Oder:
Z.: Durch deine Menschwerdung hast du uns Anteil gegeben am Leben Gottes.
Durch deinen Tod hast du uns das Tor zum Leben geöffnet.
Durch deine Auferstehung hast du uns die Hoffnung auf das ewige Leben geschenkt.

Tagesgebete

Z.: Herr über Leben und Tod, du hast unsern Bruder (unsere Schwester) **N.** zu dir gerufen. Komm ihm (ihr)

voll Liebe entgegen und nimm alle Schuld von ihm (ihr). Gib ihm (ihr) den Frieden, den die Welt nicht geben kann. In der Gemeinschaft der Heiligen schenke ihm (ihr) Auferstehung und Leben. Durch Christus, unsern Herrn.
A.: Amen.

Oder:
Z.: Herr Jesus Christus, wir bitten dich für unsern Bruder (unsere Schwester) **N.**, den (die) du aus dieser Zeit zu dir gerufen hast. Schenke ihm (ihr) Heimat bei dir, wo jeder Schmerz in Freude verwandelt ist. Laß ihn (sie) deine Stimme hören: Kommt, ihr Gesegneten meines Vaters, und nehmt das Reich in Besitz. Denn du bist gut und ein Freund der Menschen. Dir gebührt Ehre und Lobpreis in Ewigkeit.
A.: Amen.

Oder:
Z.: Herr, unser Gott, wir empfehlen dir unsern Bruder (unsere Schwester) **N.** In den Augen der Welt ist er (sie) tot. Laß ihn (sie) bei dir leben. Und was er (sie) aus menschlicher Schwäche gefehlt hat, das tilge du in deinem Erbarmen. Durch Christus, unsern Herrn.
A.: Amen.

Oder:
Z.: Allmächtiger Gott, hilflos stehen wir dem Sterben unserer Lieben gegenüber; es fällt uns schwer, deine Pläne zu begreifen und zu bejahen. Der Tod ist unabänderlich. Du aber hast uns deinen Sohn gesandt und ihn für uns alle dahingegeben. Darum können uns weder Trübsal noch Bedrängnis, ja nicht einmal der Tod von deiner Liebe trennen. Erhalte in uns diesen Glauben und führe unsern Bruder (unsere Schwester) **N.** zum neuen Leben. Durch Christus, unsern Herrn.
A.: Amen.

Oder:
Z.: Herr Jesus Christus, du hast dich dem Tod ausgeliefert, damit alle Menschen Heil finden und durch den Tod zum Leben gelangen. Wir bitten dich: Tröste die Angehörigen, die um ihren Vater (ihre Mutter) trauern und für ihn (sie) beten. Du hast denen, die glauben, durch deinen Tod den Eingang zum Leben geöffnet; führe auch ihn (sie) in dein Licht und in deinen Frieden. Der du lebst und herrschst in Ewigkeit.
A.: Amen.

Wortgottesdienst

Evangelium (Joh 5,24–29)

† Aus dem heiligen Evangelium nach Johannes.

In jener Zeit sprach Jesus zu den Juden: Amen, amen, ich sage euch: Wer mein Wort hört und dem glaubt, der mich gesandt hat, hat das ewige Leben; er kommt nicht ins Gericht, sondern ist aus dem Tod ins Leben hinübergegangen.
Amen, amen, ich sage euch: Die Stunde kommt, und sie ist schon da, in der die Toten die Stimme des Sohnes Gottes hören werden; und alle, die sie hören, werden leben. Denn wie der Vater das Leben in sich hat, so hat er auch dem Sohn gegeben, das Leben in sich zu haben. Und er hat ihm Vollmacht gegeben, Gericht zu halten, weil er der Menschensohn ist.
Wundert euch nicht darüber! Die Stunde kommt, in der alle, die in den Gräbern sind, seine Stimme hören und herauskommen werden: Die das Gute getan haben, werden zum Leben auferstehen, die das Böse getan haben, zum Gericht.

Homilie

Stilles Gedenken

Der Zelebrant fordert am Ende der Homilie etwa mit folgenden Worten zu einem stillen Gedenken auf:

Z.: Laßt uns in Stille des Verstorbenen (der Verstorbenen) gedenken, der (die) unter uns gelebt und den (die) Gott zu sich gerufen hat.

– Stille –

Gesang

Auf die Stille folgt ein Psalm oder ein geeignetes Lied.

Psalm 103

Z.: Mitten in unserem Leid richten wir unseren Blick auf Gott, unsere einzige Hoffnung.

Kehrvers
Der Herr vergibt die Schuld
und rettet unser Leben.

Der Herr ist barmherzig und gnädig,
langmütig und reich an Güte.
Denn so hoch der Himmel über der Erde ist,
so hoch ist seine Huld über denen, die ihn fürchten.
So weit der Aufgang entfernt ist vom Untergang,
so weit entfernt er die Schuld von uns.
Wie ein Vater sich seiner Kinder erbarmt,
so erbarmt sich der Herr über alle, die ihn fürchten.
Denn er weiß, was wir für Gebilde sind;
er denkt daran: Wir sind nur Staub.
Des Menschen Tage sind wie Gras,
er blüht wie die Blume des Feldes.

Fährt der Wind darüber, ist sie dahin;
der Ort, wo sie stand, weiß von ihr nichts mehr.
Doch die Huld des Herrn währt immer und ewig
für alle, die ihn fürchten und ehren.
Ehre sei dem Vater und dem Sohn
und dem Heiligen Geist.
Wie im Anfang, so auch jetzt und alle Zeit
und in Ewigkeit. Amen.
Kehrvers

Das Gebet kann mit Anrufungen eingeleitet werden:

Anrufungen

Z.: Zu unserm Herrn Jesus Christus beten wir voll Vertrauen für unsern Bruder (unsere Schwester) **N.:** Erlöse ihn (sie), o Herr!
A.: Erlöse ihn (sie), o Herr!

Z.: Von aller Schuld
A.: Erlöse ihn (sie), o Herr!

Z.: Durch deine Menschwerdung
A.: Erlöse ihn (sie), o Herr!

Z.: Durch dein Kreuz und Leiden
A.: Erlöse ihn (sie), o Herr!

Z.: Durch deinen Tod und deine Auferstehung
A.: Erlöse ihn (sie), o Herr!

Z.: Durch deine Wiederkunft in Herrlichkeit
A.: Erlöse ihn (sie), o Herr!

Gebet

Z.: Zu unserm Herrn Jesus Christus beten wir voll Vertrauen für unsern Bruder (unsere Schwester) **N.:** Erlöse ihn (sie), o Herr!

A.: Erlöse ihn (sie), o Herr.
Von aller Schuld
Durch deine Menschwerdung
Durch dein Kreuz und Leiden
Durch deinen Tod und deine Auferstehung
Durch deine Wiederkunft in Herrlichkeit

Oder:
Z.: Gütiger Vater, in deine Hände empfehlen wir deinen Diener (deine Dienerin) **N.** und hoffen zuversichtlich, daß er (sie) bei Christus ist. Wir danken dir für alles Gute, mit dem du ihn (sie) in seinem (ihrem) irdischen Leben beschenkt hast, und für das Gute, das wir durch ihn (sie) erfahren durften. Wir bitten dich, nimm ihn (sie) auf und gib ihm (ihr) Wohnung und Heimat bei dir. Uns aber, die zurückbleiben, gib die Kraft, einander zu trösten mit der Botschaft des Glaubens, bis wir alle vereint sind bei dir. Durch Christus, unser Herrn.
A.: Amen.

Oder:
Z.: Allmächtiger Gott, im Sterben deines Sohnes hast du die Macht des Todes gebrochen und in der Taufe allen Gliedern seines Leibes Anteil an der Auferstehung gegeben. Wir bitten dich für unsern Bruder (unsere Schwester) **N.:** Sei ihm (ihr) ein gnädiger Richter und laß ihn (sie) erfahren, was kein Auge gesehen, kein Ohr gehört und keines Menschen Herz jemals empfunden hat, du aber jenen bereitet hast, die dich lieben. Durch Christus, unsern Herrn.
A.: Amen.
Oder:
Ein geeignetes Gebet aus dem Anhang (s. S. 106f.)

Gesang zur Prozession (GL 84)

Am Grab

Beisetzung

Wenn alle am Grab versammelt sind, spricht der Zelebrant ein Gebet

Gebet

Herr Jesus Christus, du hast drei Tage im Grab gelegen und durch deine Auferstehung das Grab für uns zum Zeichen der Hoffnung gemacht. Wir legen den Leib deines Dieners (deiner Dienerin) **N.** in dieses Grab und bitten dich**:** Da er (sie) den Weg des Glaubens zu Ende gegangen ist, laß ihn (sie) nun dein Angesicht schauen in Ewigkeit.
A.: Amen.

Oder:
Herr, unser Gott, dein sind wir im Leben und im Tod. Wir bitten dich: Segne dieses Grab und führe deinen Diener (deine Dienerin) **N.**, dessen (deren) Leib wir hier bestatten, zur Auferstehung und zum Leben. Uns aber stärke im Glauben an das unfaßbare Geheimnis des Lebens in Jesus Christus, unserm Herrn.
A.: Amen.

Oder:
Z. sagt ein persönliches Wort, etwa wie folgt:
Wir nehmen Abschied von unserm Bruder (unserer Schwester). Wir tun es im Glauben an die Auferstehung und bitten: Christus nehme ihn (sie) auf. Er hat ihn (sie) erlöst, er stehe für ihn (sie) ein beim Vater. Christus leuchte ihm (ihr) als ewiges Licht. Die Liebe

aber, die uns mit ihm (ihr) verbindet, möge fortdauern in der Gemeinschaft der Heiligen.

Einsenken des Sarges

Der Zeitpunkt des Einsenkens des Sarges ist je nach den örtlichen Verhältnissen verschieden. – Zuerst sagt der Zelebrant:

Christus spricht: Ich bin die Auferstehung und das Leben; wer an mich glaubt, wird leben, auch wenn er stirbt, und jeder, der lebt und an mich glaubt, wird in Ewigkeit nicht sterben (Joh 11,25).

Oder:

So spricht der Herr, der dich erschaffen: Fürchte dich nicht, denn ich erlöse dich; ich rufe dich bei deinem Namen: Mein bist du (vgl. Jes 43,1).

Oder:

Was gesät wird, ist armselig, was auferweckt wird, ist herrlich. Dank sei Gott, der uns den Sieg verleiht, selbst über den Tod, durch unsern gekreuzigten und auferstandenen Herrn Jesus Christus (vgl. 1 Kor 15).

Wir übergeben den Leib der Erde. Christus, der von den Toten auferstanden ist, wird auch unseren Bruder (unsere Schwester) **N.** zum Leben erwecken.

Der Sarg wird ins Grab gesenkt.

Wenn *Weihwasser* auf den Sarg gesprengt wird:

Im Wasser und im Heiligen Geist wurdest du getauft. Der Herr vollende an dir, was er in der Taufe begonnen hat.

Wenn *Weihrauch* gebraucht wird:

Dein Leib war Gottes Tempel. Der Herr schenke dir ewige Freude.

Wenn *Erde* auf den Sarg geworfen wird:

Von der Erde bist du genommen, und zur Erde kehrst du zurück. Der Herr aber wird dich auferwecken.

Wenn ein *Kreuz* in die Erde gesteckt wird:
Das Zeichen unserer Hoffnung, das Kreuz unseres Herrn Jesus Christus, sei aufgerichtet über deinem Grab. – Der Friede sei mit dir.

Wenn das *Kreuzzeichen* über das Grab gemacht wird:
Im Kreuz unseres Herrn Jesus Christus ist Auferstehung und Heil. – Der Friede sei mit dir.

Hier kann ein Lied gesungen werden (s. S. 115)

Gebet für Verstorbene und Lebende

Fürbitten

Die Trauergemeinde antwortet nach den einzelnen Gebetsanliegen: Wir bitten dich, erhöre uns.

Z.: Laßt uns das Erbarmen unseres Herrn Jesus Christus anrufen für alle Verstorbenen.
Christus, Erlöser der Welt!
Reinige sie von Schuld und Sünde.
A.: Wir bitten dich, erhöre uns.

Vollende sie in deinem Leben.
A.: Wir bitten dich, erhöre uns.

Wir beten auch für jene, die um diesen Verstorbenen (diese Verstorbene) trauern.
Tröste sie in ihrem Schmerz.
A.: Wir bitten dich, erhöre uns.

Festige ihren Glauben und stärke ihre Hoffnung.
A.: Wir bitten dich, erhöre uns.

Wir beten für uns selber und alle Lebenden, besonders für den aus unserer Mitte, der als erster dem Verstorbenen vor das Angesicht Gottes folgen wird.

Schenke uns Reue und Umkehr.
A.: Wir bitten dich, erhöre uns.

Stärke und erhalte uns in deinem Dienst.
A.: Wir bitten dich, erhöre uns.

Andere Fürbitten s. S. 104f.

Vaterunser

Z.: Lasset uns beten, wie der Herr uns zu beten gelehrt hat:
A.: Vater unser im Himmel, Geheiligt werde dein Name. Dein Reiche komme. Dein Wille geschehe, wie im Himmel so auf Erden. Unser tägliches Brot gib uns heute. Und vergib uns unsere Schuld, wie auch wir vergeben unsern Schuldigern. Und führe uns nicht in Versuchung, sondern erlöse uns von dem Bösen.
Denn dein ist das Reich und die Kraft und die Herrlichkeit in Ewigkeit. Amen.

Schlußgebet

Z.: Gütiger Gott, dein Sohn hat sich im Leiden erniedrigt und dadurch die gefallene Welt wieder aufgerichtet; er hat den Tod überwunden und uns den Zugang zum Leben geöffnet. Schenke uns mit unserm Bruder (unserer Schwester) **N.** und allen Verstorbenen die Freude, dich zu lieben und zu loben ohne Ende. Durch Christus, unsern Herrn.
A.: Amen.

Oder:
Z.: Allmächtiger Gott, gläubig bekennen wir, daß dein Sohn für uns gestorben und auferstanden ist, und bitten dich:

Laß uns mit unseren verstorbenen Brüdern und Schwestern in Seligkeit auferstehn. Durch Christus, unsern Herrn.
A.: Amen.

Oder:
Z.: Allmächtiger Gott, wir danken dir, daß du durch die Auferstehung deines Sohnes in dem Dunkel der Welt und des Todes dein Licht leuchten läßt. Gib uns die Kraft, in unserm Leben diesem Licht zu folgen, bis wir alle zu dir gelangen. Durch Christus, unsern Herrn.
A.: Amen.

Weitere Gebete zur Auswahl s. S. 106f.

Es kann noch ein Mariengebet angefügt werden, etwa das

Gegrüßet seist du, Maria, voll der Gnade, der Herr ist mit dir. Du bist gebenedeit unter den Frauen, und gebenedeit ist die Frucht deines Leibes, Jesus.
Heilige Maria, Mutter Gottes, bitte für uns Sünder jetzt und in der Stunde unseres Todes. Amen.

Abschließendes Segenswort

Herr, gib ihm (ihr) und allen Verstorbenen die ewige Ruhe.
Und das ewige Licht leuchte ihnen.
Laß sie ruhen in Frieden.
A.: Amen.

Oder:
Herr, gib ihm (ihr) die Erfüllung seiner (ihrer) Sehnsucht und vollende sein (ihr) Leben in dir. Laß ihn (sie) dein Angesicht schauen.
A.: Amen.

Oder es kann der feierliche Schlußsegen gegeben werden:

Es segne euch der Vater unseres Herrn Jesus Christus, der Gott allen Trostes, der uns tröstet in jeder Trübsal.

A.: Amen.

Den Lebenden gewähre er Verzeihung der Sünden, den Verstorbenen schenke er seinen Frieden.

A.: Amen.

Ob wir leben oder sterben, über uns alle erbarme sich Christus, der wahrhaft vom Tod erstanden ist.

A.: Amen.

Das gewähre euch der dreieinige Gott, der Vater und der Sohn und der Heilige Geist.

A.: Amen.

Nach Möglichkeit schließt man mit einem österlichen Lied (s. S. 115).

Kinderbegräbnis

Das Begräbnis getaufter Kinder, die vor Erlangung des Vernunftgebrauches gestorben sind, wird nach einer der Formen gehalten, die für das Begräbnis Erwachsener vorgesehen sind, jedoch mit eigenen Texten.
Stirbt ein Kind, das die Eltern taufen lassen wollten, vor der Taufe, kann das Begräbnis nach der gleichen Ordnung gehalten werden, jedoch mit den dafür vorgesehenen Texten. Bei der allgemeinen Unterweisung der Gläubigen soll die Lehre von der Notwendigkeit der Taufe nicht verdunkelt werden.

Eröffnung

Wo es üblich ist, besprengt der Zelebrant den Sarg mit Weihwasser.
Der Zelebrant eröffnet die Feier mit dem Kreuzzeichen oder mit einer Grußformel oder mit eigenen Worten. Diese Elemente können auch untereinander verbunden werden.

Z.: † Im Namen des Vaters und des Sohnes und des Heiligen Geistes. Amen.

Oder:
Z.: Der Vater des Erbarmens und der Gott allen Trostes sei mit euch.
A.: Und mit deinem Geiste.

Oder:
Wird die Begrüßung mit eigenen Worten gehalten, soll die konkrete Situation berücksichtigt werden (Alter des Kindes, Todesursache, getauft oder nicht getauft). Dabei können etwa folgende Gedanken verwendet werden:

Z.: Gottes Taten und Pläne sind unfaßbar. Dies wird uns schmerzlich bewußt, da wir ein Kind zu Grabe tragen. Kaum war es ins Leben gerufen, hat Gott es zu sich heimgeholt. Doch gibt uns der Glaube die Gewißheit, daß Gott, der Quell allen Lebens, diesem Kind **N.** die Vollendung schenkt. In dieser Zuversicht finden wir Trost.

Der Zelebrant beschließt die Eröffnung mit einem Gebet, dem Kyrie-Rufe vorausgehen können.

Kyrie-Rufe

Z.: Herr Jesus Christus, du hast unser menschliches Schicksal geteilt und bist selber ein Kind geworden:
Herr, erbarme dich (unser).
A.: Herr, erbarme dich (unser).

Z.: Du hast die Kinder geliebt und sie zu dir gerufen:
Christus, erbarme dich (unser).
A.: Christus, erbarme dich (unser).

Z.: Du hast allen, die werden wie die Kinder, das Himmelreich verheißen:
Herr, erbarme dich (unser).
A.: Herr, erbarme dich (unser).

Gebet

Z.: Allmächtiger Gott, unbegreiflich sind uns deine Pläne. Aber wir wissen, daß du uns liebst. Du hast diesem Kind nicht nur das irdische Leben geschenkt, sondern auch die neue Geburt aus dem Wasser und dem Heiligen Geist. Darum lebt es jetzt in der Freude bei dir. Wir bitten dich: Gib auch uns die Gnade, unser letztes Ziel zu erreichen. Durch Christus, unsern Herrn.
A.: Amen.

Oder:

Z.: Allmächtiger, ewiger Gott! Du hast dieses Kind zu dir gerufen und schenkst ihm die beglückende Freude, mit den Engeln und Heiligen deine Herrlichkeit zu schauen und zu preisen. Wir bitten dich: Schenk auch uns nach diesem irdischen Leben die ewige Freude in ihrer Gemeinschaft. Durch Christus, unsern Herrn.

A.: Amen.

Für ein *ungetauftes* Kind:

Z.: Gott, du durchschaust die Herzen und tröstest die Trauernden. Du weißt um den Glauben dieser Eltern, die den Tod ihres Kindes beweinen. Gewähre ihnen Trost in der Zuversicht, daß es bei dir geborgen ist. So bitten wir durch Christus, unsern Herrn.

A.: Amen.

Es kann auch folgendes Gebet für die *Eltern* beigefügt werden:

Z.: Herr, unser Gott, höre auf die Fürbitte der seligen Jungfrau Maria, die unter dem Kreuze stand und ihren Sohn sterben sah. Wir bitten dich: Stehe diesen trauernden Eltern bei und schenke auch ihnen die Kraft des Glaubens, der Maria stark gemacht hat. So bitten wir durch Christus, unsern Herrn.

A.: Amen.

Wortgottesdienst

Schriftlesung

Auswahl von Schriftlesungen im Anhang (s. S. 94f.).

Homilie

Gesang

Wo immer möglich, soll man an die Homilie einen Psalm oder ein Lied anschließen.

Psalm 8 (Auswahl)

Z.: Mit den Worten des Psalms danken wir Gott, der den Menschen große Würde gegeben hat.
Herr, unser Herrscher,
wie gewaltig ist dein Name auf der ganzen Erde;
über den Himmel breitest du deine Hoheit aus.
Aus dem Mund der Kinder und Säuglinge schaffst du dir Lob,
deinen Gegnern zum Trotz;
deine Feinde und Widersacher müssen verstummen.
Seh' ich den Himmel, das Werk deiner Finger,
Mond und Sterne, die du befestigt:
Was ist der Mensch, daß du an ihn denkst,
des Menschen Kind, daß du dich seiner annimmst?
Du hast ihn nur wenig geringer gemacht als Gott,
hast ihn mit Herrlichkeit und Ehre gekrönt.
Du hast ihn als Herrscher eingesetzt über das Werk deiner Hände,
hast ihm alles zu Füßen gelegt.
Ehre sei dem Vater und dem Sohn
und dem Heiligen Geist.
Wie im Anfang, so auch jetzt und alle Zeit
und in Ewigkeit. Amen.

Gebet

Z.: Allherrschender Gott, wir danken dir, daß du an uns denkst und dich unser annimmst. Wir glauben, daß du dieses Kind zu deinem Kind gemacht und es mit Herrlichkeit gekrönt hast. Lindere den Schmerz

der Trennung, daß auch wir einstimmen können in das Lob, das du aus dem Mund der Kinder dir bereitest. Denn dir gebührt Ehre und Lobpreis in Ewigkeit.
A.: Amen.

Oder:
Z.: Gütiger Gott, tröste die Trauernden. Du hast dieses Kind in der Taufe als dein Kind angenommen und ihm das ewige Leben geschenkt. Erweise auch uns dein Erbarmen und laß uns einst teilhaben an der unvergänglichen Freude. Durch Christus, unsern Herrn.
A.: Amen.

Für ein *ungetauftes* Kind:
Z.: Erhöre, Herr, das Gebet deiner Gläubigen. Du hast dieser Familie ihr Kind geschenkt und es ihr wieder genommen. Wir können deine Pläne nicht begreifen. Aber wir wissen, daß du alle Menschen liebst. Darum bitten wir dich: Tröste deine Diener in ihrem Schmerz und richte sie auf in der Hoffnung auf deine Güte. Durch Christus, unsern Herrn.
A.: Amen.

Beisetzung

Wenn die Trauergemeinde am Grab versammelt ist, spricht der Zelebrant:

Z.: Wir übergeben den Leib der Erde und empfehlen **N.** in die Hand des himmlischen Vaters.

Der Sarg wird ins Grab gesenkt.

Schriftwort

Z.: Was gesät wird, ist armselig, was auferweckt wird, ist herrlich. Dank sei Gott, der uns den Sieg verleiht, selbst über den Tod, durch unsern gekreuzigten und auferstandenen Herrn Jesus Christus (vgl. 1 Kor 15, 43a.57).

Hier kann man den Wortgottesdienst mit Schriftlesung und Homilie einfügen, wenn er in der Friedhofskapelle nicht gehalten werden konnte.
Bei ungetauften Kindern entfallen die Deuteworte für Weihwasser und Weihrauch.

Der Zelebrant sprengt *Weihwasser* auf den Sarg.
Z.: Im Wasser und im Heiligen Geist wurdest du getauft. Der Herr vollende an dir, was er in der Taufe begonnen hat.

Beim *Inzensieren* kann er sprechen:
Z.: Dein Leib war Gottes Tempel. Der Herr schenke dir ewige Freude.

Nur wenn die Feier auf dem Friedhof stattfindet, wirft der Zelebrant *Erde* auf den Sarg:
Z.: Von der Erde bist du genommen, und zur Erde kehrst du zurück. Der Herr aber wird dich auferwecken.

Der Zelebrant bezeichnet das Grab (den Sarg) mit dem Kreuz in einer der folgenden Formen:
Er steckt das *Kreuz* in die Erde.
Z.: Das Zeichen unserer Hoffnung, das Kreuz unseres Herrn Jesus Christus, sei aufgerichtet über deinem Grab.

Oder:
Er macht das *Kreuzzeichen* über das Grab (über den Sarg):
Z.: Im Kreuz unseres Herrn Jesus Christus ist Auferstehung und Heil.

Gesang

Wenn möglich, folgt ein Auferstehungs- oder Credo-Lied, das Magnificat, Benedictus oder Nunc Dimittis (S. 112f.). Man kann auch das Glaubensbekenntnis (S. 104) sprechen.

Gebet für Verstorbene und Lebende

Fürbitten

Z.: Gott, allmächtiger Vater, in dieser Stunde, in der uns Trauer bedrückt, nehmen wir Zuflucht zum Gebet und rufen zu dir durch unsern Herrn Jesus Christus: Nimm dieses verstorbene Kind auf in das ewige Glück bei dir.
A.: Wir bitten dich, erhöre uns.
Tröste die Eltern und gib ihnen Kraft aus dem Glauben.
A.: Wir bitten dich, erhöre uns.
Führe uns alle zur ewigen Vollendung.
A.: Wir bitten dich, erhöre uns.

Vaterunser

Z.: Wir dürfen vertrauensvoll zu Gott beten, wie Christus uns zu beten gelehrt hat:
A.: Vater unser im Himmel. Geheiligt werde dein Name. Dein Reich komme. Dein Wille geschehe, wie im Himmel so auf Erden. Unser tägliches Brot gib uns heute. Und vergib uns unsere Schuld, wie auch wir vergeben unsern Schuldigern. Und führe uns nicht in Versuchung, sondern erlöse uns von dem Bösen.
Denn dein ist das Reich und die Kraft und die Herrlichkeit in Ewigkeit. Amen.

Schlußgebet

Z.: Ewiger Gott, du hast uns durch den Tod und die Auferstehung deines Sohnes, unseres Herrn Jesus Christus, getröstet und gestärkt. Wende uns in Güte dein Antlitz zu und bleibe bei uns, bis wir mit verklärtem Leib zum unvergänglichen Leben auferstehen. Durch Christus, unsern Herrn.
A.: Amen.

Der Zelebrant kann zum Abschluß die Anwesenden einladen, die Mutter des Herrn anzurufen.
„Gegrüßet seist du, Maria" oder ein anderes Mariengebet oder ein Marienlied.

Abschließendes Segenswort

Z.: Der Herr segne euch und behüte euch; der Herr lasse sein Angesicht über euch leuchten und sei euch gnädig; er wende euch sein Antlitz zu und schenke euch seinen Frieden.

Abschiedswort

N., lebe ewig in Christus!

Die Anwesenden treten hinzu und drücken ihre Anteilnahme in der ortsüblichen Weise aus.

Begräbnis eines toten neugeborenen Kindes

Elemente für die Begräbnisfeier von Fehl- und Totgeburten

Wünschen die Eltern eines totgeborenen Kindes ein kirchliches Begräbnis oder werden Fehlgeburten und totgeborene Kinder in einem gemeinsamen Sarg begraben oder eingeäschert, so wird der Ritus verwendet, der für das Kinderbegräbnis für ein ungetauftes Kind vorgesehen ist. Bei der Einäscherung ergeben sich für die liturgische Feier zwei Möglichkeiten: Findet zur Einäscherung ein Gottesdienst statt, so wird die Urne später in einfacher Form beigesetzt; wenn aber zur Einäscherung keine kirchliche Feier stattgefunden hat, wird die Urne so beigesetzt wie bei der Erdbestattung.
Bei der allgemeinen Unterweisung der Gläubigen soll die Lehre von der Notwendigkeit der Taufe berücksichtigt werden.

Eröffnungswort

Z.: Gottes Taten und Pläne sind unfaßbar. Dies wird uns schmerzlich bewußt, da wir ein Kind (Kinder) zu Grabe tragen. Kaum war es (waren sie) ins Leben gerufen, hat Gott es (sie) zu sich heimgeholt. Doch gibt uns der Glaube die Gewißheit, das Gott, der Quell allen Lebens, diesem Kind (diesen Kindern) die Vollendung schenkt. In dieser Zuversicht finden wir Trost.

Kyrie-Rufe (s. S. 78)

Gebete

Z.: Barmherziger Gott, nimm das Gebet deiner Gläubigen an, die über den Tod dieses Kindes trauern. Tröste sie in ihrem Schmerz und schenke ihnen den festen Glauben, daß alles Leben von dir kommt und in deiner Liebe geborgen ist. Darum bitten wir durch Christus, unseren Herrn. – Amen.

Oder:

Z.: Gott, du durchschaust die Herzen und tröstest die Trauernden. Du weißt um den Glauben der Eltern, die den Tod ihres Kindes (ihrer Kinder) beweinen. Gewähre ihnen Trost in der Zuversicht, daß es (sie) bei dir geborgen ist (sind). So bitten wir durch Christus, unseren Herrn.

A.: Amen.

Oder:

Z.: Herr, unser Gott, höre auf die Fürbitte der seligen Jungfrau Maria, die unter dem Kreuz stand und ihren Sohn sterben sah. Wir bitten dich: Stehe diesen trauernden Eltern bei und schenke auch ihnen die Kraft des Glaubens, der Maria stark gemacht hat.

So bitten wir durch Christus, unseren Herrn.

A.: Amen.

Oder:

Z.: Erhöre, Herr, das Gebet deiner Gläubigen. Du hast diesem Kind (diesen Kindern) das Leben geschenkt. Doch noch ehe es (sie) geboren war (waren), hast du es (sie) wieder zu dir genommen.

Wir können deine Pläne nicht begreifen. Aber wir wissen, daß du alle Menschen liebst. Darum bitten wir dich: Tröste die Eltern in ihrem Schmerz und richte sie auf in der Hoffnung auf deine Güte. Durch Christus, unseren Herrn.

A.: Amen.

Ruf vor dem Evangelium (Vers: vgl. Mt 11,25)

(Halleluja, Halleluja)
Sei gepriesen, Vater, Herr des Himmels und der Erde; du hast die Geheimnisse des Reiches den Unmündigen offenbart.
(Halleluja.)

Evangelium (Mk 10,13–16)

† Aus dem Heiligen Evangelium nach Markus.

In jener Zeit brachte man Kinder zu Jesus, damit er ihnen die Hände auflegte. Die Jünger aber wiesen die Leute schroff ab.
Als Jesus das sah, wurde er unwillig und sagte zu ihnen: Laßt die Kinder zu mir kommen; hindert sie nicht daran! Denn Menschen wie ihnen gehört das Reich Gottes. Amen, das sage ich euch: Wer das Reich Gottes nicht so annimmt, wie ein Kind, der wird nicht hineinkommen. Und er nahm die Kinder in seine Arme; dann legte er ihnen die Hände auf und segnete sie.

Homilie

Beisetzung

Bei der Beisetzung kann Erde auf den Sarg geworfen werden. Dazu kann gesprochen werden:

Z.: Von der Erde bist du (seid ihr) genommen, und zur Erde kehrst du (kehrt ihr) zurück. Der Herr aber wird dich (euch) auferwecken.

Das Grab kann mit einem Kreuz bezeichnet werden. Dazu kann gegebenenfalls ein Deutewort gesprochen werden, z. B.:

Z.: Im Kreuz unseres Herrn Jesus Christus ist Auferstehung und Heil.

Oder wenn über dem Grab ein Kreuz errichtet wird:
Z.: Das Zeichen unserer Hoffnung, das Kreuz unseres Herrn Jesus Christus, sei aufgerichtet über deinem (eurem) Grab.

Gesang

Gegebenenfalls kann bei der Beisetzung gesungen werden. Dafür eignen sich vor allem Gesänge, welche den Glauben der Betroffenen und ihre Hoffnung auf Auferstehung zum Ausdruck bringen, oder das Magnificat, das Benedictus oder das Nunc Dimittis. Man kann auch das Glaubensbekenntnis sprechen.
(Geeignete Gesänge aus dem Gotteslob: Nr. 268; 299; 308; 311; 495,2 und 8; 565; 621; 656).

Fürbitten

Z.: Gott, allmächtiger Vater, in dieser Stunde, in der uns Trauer bedrückt, nehmen wir Zuflucht zum Gebet und rufen zu dir:

– Nimm dieses verstorbene Kind (diese verstorbenen Kinder) auf in das ewige Glück bei dir.

A.: Wir bitten dich, erhöre uns.

– Tröste die Eltern und alle Angehörigen und gib ihnen Kraft aus dem Glauben.

– Nimm von ihnen alle Angst und segne ihre Gemeinschaft.

– Steh allen bei, die sich nach einem Kind sehnen.

– Führe uns alle zur ewigen Vollendung.

Z.: Fassen wir unser Beten zusammen in den Worten, die uns unser Herr Jesus Christus selbst gelehrt hat:

Vaterunser

Vater unser im Himmel, Geheiligt werde dein Name. Dein Reich komme. Dein Wille geschehe, wie im Himmel so auf Erden. Unser tägliches Brot gib uns heute. Und vergib uns unsere Schuld, wie auch wir vergeben unsern Schuldigern. Und führe uns nicht in Versuchung, sondern erlöse uns von dem Bösen.
Denn dein ist das Reich und die Kraft und die Herrlichkeit in Ewigkeit. Amen.

Oder:
Z.: Unser Herr Jesus Christus hat gesagt: „Laßt die Kinder zu mir kommen; hindert sie nicht daran. Denn Menschen wie ihnen gehört das Reich Gottes." Zu ihm beten wir:

– Für die Kinder, deren Leben in dieser Welt zu Ende ging, noch bevor sie geboren waren: Laß sie zu dir kommen. – Christus, höre uns. – Christus, erhöre uns.

– Für die Eltern, die sich auf ihr Kind gefreut und es verloren haben (für die Geschwister und die Großeltern): Tröste sie in ihrem Schmerz.

– Für alle Frauen, die sich vergebens nach einem Kind sehnen: Erfülle ihr Leben mit Sinn und Freude.

– Für alle Frauen, die sich wegen eines Kindes in einer schweren Not befinden und um ein Ja zu ihrem Kind ringen: Laß sie tatkräftige Hilfe erfahren.

– Für die Ärzte, Hebammen und alle, die sich um das Leben und das Wohl der Kinder vor und nach der Geburt mühen: Segne ihre Arbeit.

Gott, Vater im Himmel, höre unser Gebet und schenke allen, was sie zum Leben brauchen. Durch Christus, unseren Herrn. Amen.

Schlußgebet

Z.: Ewiger Gott, du hast uns durch den Tod und die Auferstehung deines Sohnes, unseres Herrn Jesus Christus, getröstet und gestärkt. Wende uns in Güte dein Antlitz zu und bleibe bei uns, bis wir mit verklärtem Leib zum unvergänglichen Leben auferstehen. Durch Christus, unseren Herrn. Amen.

Segensbitte

Z.: Es segne uns der Vater unseres Herrn Jesus Christus, der Gott allen Trostes, der uns tröstet in jeder Trübsal!
Den Lebenden gewähre er Verzeihung der Sünden, den Verstorbenen schenke er seinen Frieden!
Ob wir leben oder sterben, über uns alle erbarme sich Christus, der wahrhaft vom Tod erstanden ist.
Das gewähre uns der dreieinige Gott, der Vater und der Sohn und der Heilige Geist.
A.: Amen.

Urnenbeisetzung

Jesus selbst wurde in einem Grab bestattet. Auf dieses Beispiel geht die Erdbestattung zurück. Damit verbunden ist der Gedanke von der Aussaat. Jesus sagt: „Wenn das Weizenkorn nicht in die Erde fällt und stirbt, bleibt es allein; wenn es aber stirbt, bringt es reiche Frucht“ (Joh 12,24). Den Katholiken war bis 1964 nur die Erdbestattung erlaubt. Die Verbrennung galt und gilt als unerlaubt, wenn sie als Leugnung der Auferstehung verstanden wird. Die Gläubigen haben das Recht auf eine kirchliche Bestattung. Heute können katholische Christen auch die Feuerbestattung wählen.
Bei der Einäscherung ergeben sich für die liturgische Feier zwei Möglichkeiten. In der Regel findet die kirchliche Feier vor der Einäscherung statt; sie kann auch bei der Beisetzung der Urne gehalten werden.

Bei dieser Feier können auch Elemente aus dem anderen Begräbnisritus übernommen werden.

Diese Beisetzung kann etwa in folgender Form auch von einem Laien gehalten werden.

Eröffnung

Z.: † Im Namen des Vaters und des Sohnes und des Heiligen Geistes. Amen.

Psalm 130

Z.: Im Vertrauen auf die Barmherzigkeit Gottes bitten wir um Verzeihung der Sünden.

Aus der Tiefe rufe ich, Herr, zu dir:
Herr, höre meine Stimme!
Wende dein Ohr mir zu,
achte auf mein lautes Flehen!
Würdest du, Herr, unsere Sünden beachten,
Herr, wer könnte bestehen?
Doch bei dir ist Vergebung,
damit man in Ehrfurcht dir dient.
Ich hoffe auf den Herrn, es hofft meine Seele,
ich warte voll Vertrauen auf sein Wort.
Meine Seele wartet auf den Herrn
mehr als die Wächter auf den Morgen.
Mehr als die Wächter auf den Morgen
soll Israel harren auf den Herrn.
Denn beim Herrn ist die Huld,
bei ihm ist Erlösung in Fülle.
Ja, er wird Israel erlösen
von all seinen Sünden.
Ehre sei dem Vater und dem Sohn
und dem Heiligen Geist.
Wie im Anfang, so auch jetzt und alle Zeit
und in Ewigkeit. Amen.

Beisetzung

Jetzt wird die Urne beigesetzt. Dabei kann gesprochen werden:
Z.: So setzen wir die Urne (Asche) unseres Bruders **N.** (unserer Schwester **N.**, unseres Vaters **N.**) bei und trösten uns in der Hoffnung auf die Auferstehung.

Schriftlesung

Z.: Hören wir Gottes Wort:
Jesus hat gesagt: Euer Herz erschrecke nicht. Ihr glaubt an Gott, so glaubt auch an mich! Im Hause mei-

nes Vaters sind viele Wohnungen. Wenn es nicht so wäre, hätte ich euch dann gesagt: Ich gehe, euch eine Stätte zu bereiten? Wenn ich aber gegangen bin und euch eine Stätte bereitet habe, so komme ich wieder und werde euch zu mir heimholen, damit auch ihr seid, wo ich bin (Joh 14,1–3).

Stilles Gedenken

Z.: Wir denken in Stille an unsern lieben Toten (an unsere liebe Tote).

– Stille –

Vaterunser

Z.: Wir beten gemeinsam:
A.: Vater unser im Himmel, Geheiligt werde dein Name. Dein Reich komme. Dein Wille geschehe, wie im Himmel so auf Erden. Unser tägliches Brot gib uns heute. Und vergib uns unsere Schuld, wie auch wir vergeben unsern Schuldigern. Und führe uns nicht in Versuchung, sondern erlöse uns von dem Bösen.
Denn dein ist das Reich und die Kraft und die Herrlichkeit in Ewigkeit. Amen.

Abschluß

Z.: Herr, gib ihm (ihr) die ewige Ruhe.
A.: Und das ewige Licht leuchte ihm (ihr).
Z.: Laß ihn (sie) ruhen in Frieden.
A.: Amen.

Die Urne kann mit Weihwasser besprengt werden.

Anhang

Schriftlesungen

Lesungen aus dem Alten Testament

Er handelte schön und edel: denn er dachte an die Auferstehung (2 Makk 12,43–45)

Lesung aus dem zweiten Buch der Makkabäer.
In jenen Tagen veranstaltete Judas, der Makkabäer, eine Sammlung, an der sich alle beteiligten, und schickte etwa zweitausend Silberdrachmen nach Jerusalem, damit man dort ein Sündopfer darbringe.
Damit handelte er sehr schön und edel; denn er dachte an die Auferstehung. Hätte er nicht erwartet, daß die Gefallenen auferstehen werden, wäre es nämlich überflüssig und sinnlos gewesen, für die Toten zu beten.
Auch hielt er sich den herrlichen Lohn vor Augen, der für die hinterlegt ist, die in Frömmigkeit sterben.
Ein heiliger und frommer Gedanke! Darum ließ er die Toten entsühnen, damit sie von der Sünde befreit werden.

Ich weiß: mein Erlöser lebt (Ijob 19,1.23–27)

Lesung aus dem Buch Ijob.
Ijob ergriff das Wort und sprach: Daß doch meine Worte geschrieben würden, in einer Inschrift eingegraben mit eisernem Griffel und mit Blei, für immer gehauen in den Fels.
Doch ich, ich weiß: mein Erlöser lebt, als letzter erhebt er sich über dem Staub. Ohne meine Haut, die so zerfetzte, und ohne mein Fleisch werde ich Gott schauen.

Ihn selber werde ich dann für mich schauen; meine Augen werden ihn sehen, nicht mehr fremd. Danach sehnt sich mein Herz in meiner Brust.

Die Gerechtigkeit ist unsterblich (Weish 1,13–15)

Lesung aus dem Buch der Weisheit.
Gott hat den Tod nicht gemacht und hat keine Freude am Untergang der Lebenden. Zum Dasein hat er alles geschaffen, und heilbringend sind die Geschöpfe der Welt. Kein Gift des Verderbens ist in ihnen, das Reich des Todes hat keine Macht auf der Erde; denn die Gerechtigkeit ist unsterblich.

Gott hat die Gerechten angenommen als ein vollgültiges Opfer (Weish 3,1–6.9)

Lesung aus dem Buch der Weisheit.
Die Seelen der Gerechten sind in Gottes Hand, und keine Qual kann sie berühren. In den Augen der Toren sind sie gestorben, ihr Heimgang gilt als Unglück, ihr Scheiden von uns als Vernichtung; sie aber sind in Frieden.
In den Augen der Menschen wurden sie gestraft; doch ihre Hoffnung ist voll Unsterblichkeit.
Ein wenig nur werden sie gezüchtigt; doch sie empfangen große Wohltat. Denn Gott hat sie geprüft und fand sie seiner würdig.
Wie Gold im Schmelzofen hat er sie erprobt und sie angenommen als ein vollgültiges Opfer.
Alle, die auf ihn vertrauen, werden die Wahrheit erkennen, und die Treuen werden bei ihm bleiben in Liebe. Denn Gnade und Erbarmen wird seinen Erwählten zuteil.

Gott, der Herr, beseitigt den Tod für immer (Jes 25, 6a.7–9)

Lesung aus dem Buch Jesaja.
An jenem Tag wird der Herr der Heere auf diesem Berg – dem Zion – für alle Völker ein Festmahl geben.
Er zerreißt auf diesem Berg die Hülle, die alle Nationen verhüllt, und die Decke, die alle Völker bedeckt.
Er beseitigt den Tod für immer. Gott, der Herr, wischt die Tränen ab von jedem Gesicht. Auf der ganzen Erde nimmt er seinem Volk die Schande hinweg. Ja, der Herr hat gesprochen.
An jenem Tag wird man sagen: Seht, das ist unser Gott, auf ihn haben wir unsere Hoffnung gesetzt, er wird uns retten. Das ist der Herr, auf ihn setzen wir unsere Hoffnung. Wir wollen jubeln und uns freuen über seine rettende Tat.

Ich, der Heilige Israels, bin dein Retter (Jes 43,1–3)

Lesung aus dem Buch Jesaja.
So spricht der Herr, der dich geschaffen hat, Jakob, und der dich geformt hat, Israel: Fürchte dich nicht, denn ich habe dich ausgelöst, ich habe dich beim Namen gerufen, du gehörst mir.
Wenn du durchs Wasser schreitest, bin ich bei dir, wenn durch Ströme, dann reißen sie dich nicht fort. Wenn du durchs Feuer gehst, wirst du nicht versengt, keine Flamme wird dich verbrennen.
Denn ich, der Herr, bin dein Gott, ich, der Heilige Israels, bin dein Retter.

Ich hole euch aus euren Gräbern herauf (Ez 37,12b–14)

Lesung aus dem Buch Ezechiel.
So spricht Gott, der Herr: Ich öffne eure Gräber und hole euch, mein Volk, aus euren Gräbern herauf. Ich

bringe euch zurück in das Land Israel. Wenn ich eure Gräber öffne und euch, mein Volk, aus euren Gräbern heraufhole, dann werdet ihr erkennen, daß ich der Herr bin. Ich hauche euch meinen Geist ein, dann werdet ihr lebendig, und ich bringe euch wieder in euer Land. Dann werdet ihr erkennen, daß ich der Herr bin.
Ich habe gesprochen, und ich führe es aus – Spruch des Herrn.

Lesungen aus dem Neuen Testament

In ihm leben wir, bewegen wir uns und sind wir (Apg 17,22a.24–28a)

Lesung aus der Apostelgeschichte.
Brüder und Schwestern! Paulus stellte sich in die Mitte des Areopags und sagte: Athener, Gott, der die Welt erschaffen hat und alles in ihr, er, der Herr über Himmel und Erde, wohnt nicht in Tempeln, die von Menschenhand gemacht sind. Er läßt sich auch nicht von Menschen bedienen, als brauche er etwas: er, der allen das Leben, den Atem und alles gibt. Er hat aus einem einzigen Menschen das ganze Menschengeschlecht erschaffen, damit es die ganze Erde bewohne. Er hat für sie bestimmte Zeiten und die Grenzen ihrer Wohnsitze festgesetzt. Sie sollten Gott suchen, ob sie ihn ertasten und finden könnten; denn keinem von uns ist er fern. Denn in ihm leben wir, bewegen wir uns und sind wir.

Wir sollen als neue Menschen leben (Röm 6,3–9)

Lesung aus dem Brief des Apostels Paulus an die Römer.
Brüder und Schwestern! Wir alle, die wir auf Christus Jesus getauft wurden, sind auf seinen Tod getauft wor-

den. Wir wurden mit ihm begraben durch die Taufe auf den Tod; und wie Christus durch die Herrlichkeit des Vaters von den Toten auferweckt wurde, so sollen auch wir als neue Menschen leben.
Wenn wir nämlich ihm gleich geworden sind in seinem Tod, dann werden wir mit ihm auch in seiner Auferstehung vereinigt sein. Wir wissen doch:
Unser alter Mensch wurde mitgekreuzigt, damit der von der Sünde beherrschte Leib vernichtet werde und wir nicht Sklaven der Sünde bleiben. Denn wer gestorben ist, der ist frei geworden von der Sünde.
Sind wir nun mit Christus gestorben, so glauben wir, daß wir auch mit ihm leben werden. Wir wissen, daß Christus, von den Toten auferweckt, nicht mehr stirbt; der Tod hat keine Macht mehr über ihn.

In Christus werden alle lebendig gemacht werden
(1 Kor 15,20–24a.24c–28)

Lesung aus dem ersten Brief des Apostels Paulus an die Korinther.
Brüder und Schwestern! Christus ist von den Toten auferweckt worden als der Erste der Entschlafenen. Da nämlich durch einen Menschen der Tod gekommen ist, kommt durch einen Menschen auch die Auferstehung der Toten. Denn wie in Adam alle sterben, so werden in Christus alle lebendig gemacht werden.
Es gibt aber eine bestimmte Reihenfolge: Erster ist Christus; dann folgen, wenn Christus kommt, alle, die zu ihm gehören.
Danach kommt das Ende, wenn er jede Macht, Gewalt und Kraft vernichtet hat und seine Herrschaft Gott, dem Vater, übergibt. Denn er muß herrschen, bis Gott ihm alle Feinde unter die Füße gelegt hat. Der letzte Feind, der entmachtet wird, ist der Tod. Sonst hätte er ihm nicht alles zu Füßen gelegt. Wenn es aber heißt,

alles sei unterworfen, ist offenbar der ausgenommen, der ihm alles unterwirft.
Wenn ihm dann alles unterworfen ist, wird auch er, der Sohn, sich dem unterwerfen, der ihm alles unterworfen hat, damit Gott herrscht über alles und in allem.

Wir haben ein ewiges Haus im Himmel (2 Kor 5,1. 6–10)

Lesung aus dem zweiten Brief des Apostels Paulus an die Korinther.
Brüder und Schwestern! Wir wissen: Wenn unser irdisches Zelt abgebrochen wird, dann haben wir eine Wohnung von Gott, ein nicht von Menschenhand errichtetes ewiges Haus im Himmel.
Wir sind also immer zuversichtlich, auch wenn wir wissen, daß wir fern vom Herrn in der Fremde leben, solange wir in diesem Leib zu Hause sind; denn als Glaubende gehen wir unseren Weg, nicht als Schauende. Weil wir aber zuversichtlich sind, ziehen wir es vor, aus dem Leib auszuwandern und daheim beim Herrn zu sein. Deswegen suchen wir unsere Ehre darin, ihm zu gefallen, ob wir daheim oder in der Fremde sind.
Denn wir alle müssen vor dem Richterstuhl Christi offenbar werden, damit jeder seinen Lohn empfängt für das Gute oder Böse, das er im irdischen Leben getan hat.

Christus wird unseren armseligen Leib verwandeln in die Gestalt seines verherrlichten Leibes (Phil 3,20–21)

Lesung aus dem Brief des Apostels Paulus an die Philipper.
Brüder und Schwestern! Unsere Heimat ist im Himmel. Von dorther erwarten wir auch Jesus Christus, den Herrn, als Retter, der unseren armseligen Leib verwandeln wird in die Gestalt seines verherrlichten Leibes, in der Kraft, mit der er sich alles unterwerfen kann.

Wir werden immer beim Herrn sein (1 Thess 4,13–18)

Lesung aus dem ersten Brief des Apostels Paulus an die Thessalonicher.
Brüder und Schwestern! Wir wollen euch über die Verstorbenen nicht in Unkenntnis lassen, damit ihr nicht trauert wie die anderen, die keine Hoffnung haben.
Wenn Jesus – und das ist unser Glaube – gestorben und auferstanden ist, dann wird Gott durch Jesus auch die Verstorbenen zusammen mit ihm zur Herrlichkeit führen. Denn dies sagen wir euch nach einem Wort des Herrn: Wir, die Lebenden, die noch übrig sind, wenn der Herr kommt, werden den Verstorbenen nichts voraushaben. Denn der Herr selbst wird vom Himmel herabkommen, wenn der Befehl ergeht, der Erzengel ruft und die Posaune Gottes erschallt. Zuerst werden die in Christus Verstorbenen auferstehen; dann werden wir, die Lebenden, die noch übrig sind, zugleich mit ihnen auf den Wolken in die Luft entrückt, dem Herrn entgegen. Dann werden wir immer beim Herrn sein.
Tröstet also einander mit diesen Worten!

Wir werden Gott sehen, wie er ist (1 Joh 3,1–2)

Lesung aus dem ersten Johannesbrief.
Brüder und Schwestern! Seht, wie groß die Liebe ist, die der Vater uns geschenkt hat: Wir heißen Kinder Gottes, und wir sind es. Die Welt erkennt uns nicht, weil sie ihn nicht erkannt hat.
Liebe Brüder, jetzt sind wir Kinder Gottes. Aber was wir sein werden, ist noch nicht offenbar geworden. Wir wissen, daß wir ihm ähnlich sein werden, wenn er offenbar wird; denn wir werden ihn sehen, wie er ist.

Evangelien

Freut euch und jubelt (Mt 5,1–12a)

† Aus dem heiligen Evangelium nach Matthäus.
In jener Zeit, als Jesus die vielen Menschen sah, die ihm folgten, stieg er auf einen Berg. Er setzte sich, und seine Jünger traten zu ihm. Dann begann er zu reden und lehrte sie.
Er sagte: Selig, die arm sind vor Gott; denn ihnen gehört das Himmelreich. Selig die Trauernden; denn sie werden getröstet werden. Selig, die keine Gewalt anwenden; denn sie werden das Land erben.
Selig, die hungern und dürsten nach der Gerechtigkeit; denn sie werden satt werden. Selig die Barmherzigen; denn sie werden Erbarmen finden. Selig, die ein reines Herz haben; denn sie werden Gott schauen. Selig, die Frieden stiften; denn sie werden Söhne Gottes genannt werden. Selig, die um der Gerechtigkeit willen verfolgt werden; denn ihnen gehört das Himmelreich.
Selig seid ihr, wenn ihr um meinetwillen beschimpft und verfolgt und auf alle mögliche Weise verleumdet werdet. Freut euch und jubelt: Euer Lohn im Himmel wird groß sein.

Kommt alle zu mir ... Ich werde euch Ruhe verschaffen (Mt 11,25–30)

† Aus dem heiligen Evangelium nach Matthäus.
In jener Zeit sprach Jesus: Ich preise dich, Vater, Herr des Himmel und der Erde, weil du all das den Weisen und Klugen verborgen, den Unmündigen aber offenbart hast. Ja, Vater, so hat es dir gefallen.
Mir ist von meinem Vater alles übergeben worden; niemand kennt den Sohn, nur der Vater, und niemand kennt den Vater, nur der Sohn und der, dem es der Sohn offenbaren will.

Haltet auch ihr euch bereit! (Lk 12,35–40)

† Aus dem heiligen Evangelium nach Lukas.
In jener Zeit sprach Jesus zu seinen Jüngern: Legt euren Gürtel nicht ab, und laßt eure Lampen brennen! Seid wie Menschen, die auf die Rückkehr ihres Herrn warten, der auf einer Hochzeit ist, und die ihm öffnen, sobald er kommt und anklopft.
Selig die Knechte, die der Herr wach findet, wenn er kommt. Amen, ich sage euch: Er wird sich gürten, sie am Tisch Platz nehmen lassen und sie der Reihe nach bedienen. Und kommt er erst in der zweiten oder dritten Nachtwache und findet sie wach – selig sind sie.
Bedenkt: Wenn der Herr des Hauses wüßte, in welcher Stunde der Dieb kommt, so würde er verhindern, daß man in sein Haus einbricht.
Haltet auch ihr euch bereit! Denn der Menschensohn kommt zu einer Stunde, in der ihr es nicht erwartet.

Wenn das Weizenkorn in die Erde fällt und stirbt, bringt es reiche Frucht (Joh 12,23–26)

† Aus dem heiligen Evangelium nach Johannes.
In jener Zeit sprach Jesus zu seinen Jüngern: Die Stunde ist gekommen, daß der Menschensohn verherrlicht wird. Amen, amen, ich sage euch: Wenn das Weizenkorn nicht in die Erde fällt und stirbt, bleibt es allein; wenn es aber stirbt, bringt es reiche Frucht.
Wer an seinem Leben hängt, verliert es; wer aber sein Leben in dieser Welt gering achtet, wird es bewahren bis ins ewige Leben.
Wenn einer mir dienen will, folge er mir nach; und wo ich bin, dort wird auch mein Diener sein. Wenn einer mir dient, wird der Vater ihn ehren.

Ich will, daß sie dort bei mir sind, wo ich bin
(Joh 17, 24–26)

† Aus dem heiligen Evangelium nach Johannes.
In jener Zeit erhob Jesus seine Augen zum Himmel und sprach: Vater, ich will, daß alle, die du mir gegeben hast, dort bei mir sind, wo ich bin.
Sie sollen meine Herrlichkeit sehen, die du mir gegeben hast, weil du mich schon geliebt hast vor der Erschaffung der Welt.
Gerechter Vater, die Welt hat dich nicht erkannt, ich aber habe dich erkannt, und sie haben erkannt, daß du mich gesandt hast.
Ich habe ihnen deinen Namen bekannt gemacht und werde ihn bekannt machen, damit die Liebe, mit der du mich geliebt hast, in ihnen ist und damit ich in ihnen bin.

Weitere Lesungstexte: Meßlektionar VII, S. 401 – 504)

Psalmen

Psalm	8	Herr, unser Herrscher (s. S. 80)
Psalm	22	Mein Gott, mein Gott (s. S. 19f.)
Psalm	23	Der Herr ist mein Hirte (s. S. 21; 44f.)
Psalm	27	Der Herr ist mein Licht und mein Heil (s. S. 51f.)
Psalm	42	Meine Seele dürstet nach Gott (s. S. 21)
Psalm	63	Gott, du mein Gott (s. S. 22)
Psalm	103	Der Herr ist barmherzig und gnädig (s. S. 68f.)
Psalm	130	Aus der Tiefe rufe ich (s. S. 34; 60; 91f.)
Psalm	146	Lobe den Herrn, meine Seele (s. S. 22f.)

Das Apostolische Glaubensbekenntnis

Ich glaube an Gott, den Vater, den Allmächtigen, den Schöpfer des Himmels und der Erde, und an Jesus Christus, seinen eingeborenen Sohn, unsern Herrn, empfangen durch den Heiligen Geist, geboren von der Jungfrau Maria, gelitten unter Pontius Pilatus, gekreuzigt, gestorben und begraben, hinabgestiegen in das Reich des Todes, am dritten Tag auferstanden von den Toten, aufgefahren in den Himmel; er sitzt zur Rechten Gottes, des allmächtigen Vaters; von dort wird er kommen, zu richten die Lebenden und die Toten. Ich glaube an den Heiligen Geist, die heilige katholische Kirche, Gemeinschaft der Heiligen, Vergebung der Sünden, Auferstehung der Toten und das ewige Leben. Amen.

Fürbitten

Laßt uns das Erbarmen unseres Herrn Jesus Christus anrufen für alle Verstorbenen.
Christus, Erlöser der Welt!
Reinige sie von Schuld und Sünde.
A.: Wir bitten dich, erhöre uns.
Vollende sie in deinem Leben.
Wir beten auch für jene, die um diesen Verstorbenen (diese Verstorbene) trauern.
Tröste sie in ihrem Schmerz.
Festige ihren Glauben und stärke ihre Hoffnung.
Für uns selber und alle Lebenden, besonders für den (die) aus unserer Mitte, der (die) als erster dem (der) Verstorbenen vor das Angesicht Gottes folgen wird.
Schenke uns Reue und Umkehr.
Stärke und erhalte uns in deinem Dienst.

Die Trauergemeinde antwortet nach den einzelnen Gebetsanliegen auf „Christus, höre uns“: „Christus, erhöre uns.“

Herr Jesus Christus!
Du hast am Grab deines Freundes Lazarus geweint: trockne unsre Tränen. – Christus, höre uns.
Du hast Tote zum Leben erweckt: schenke unserm Bruder (unserer Schwester) das ewige Leben. – Christus, höre uns.
Du hast dem Schächer das Paradies versprochen: nimm unsern Bruder (unsere Schwester) auf in den Himmel. – Christus, höre uns.
Du hast ihn (sie) durch die Taufe in die Kirche aufgenommen: vollende ihn (sie) in der Gemeinschaft der Heiligen. – Christus, höre uns.
Du hast ihn (sie) im heiligen Mahl mit deinem Leib genährt: gib ihm (ihr) Anteil am Mahl in deinem Reich. – Christus, höre uns.
Du hast uns im Hause deines Vaters die Heimat bereitet: stärke uns auf dem Weg zu dir. – Christus, höre uns.

Lasset uns beten für unsern verstorbenen Bruder (unsere verstorbene Schwester) **N.**
Vater im Himmel, nimm ihn (sie) auf in deinen Frieden.
A.: Wir bitten dich, erhöre uns.
Laß alles Gute seines (ihres) Lebens Frucht bringen.
Vergib ihm (ihr), was er (sie) in seinem (ihrem) Leben gefehlt hat.
Tröste die Angehörigen des (der) Verstorbenen. Nimm alle Menschen, die heute sterben, in dein Reich auf.

Herr, unser Gott, unsere Toten kehren heim zu dir. Wir aber bleiben mit ihnen verbunden; denn wir sind ein Leib in Christus und untereinander Glieder.
Herr, wir preisen dich mit unseren Brüdern und

Schwestern, die in seliger Freude bei dir leben. – Wir loben dich.
A.: Wir preisen dich.
Herr, wir preisen dich mit unseren Brüdern und Schwestern, die noch der Läuterung bedürfen; denn auch sie sind dein. –Wir loben dich.
A.: Wir preisen dich.
Herr, wir preisen dich, daß wir unseren Verstorbenen helfen dürfen; höre unser Gebet und erhöre unsere Bitten. – Wir loben dich.
A.: Wir preisen dich.
Herr, wir preisen dich auch um der Schmerzen und des Todes willen; denn unsere Trauer wandelst du in Freude, und durch dich wird der Tod zur Pforte des Lebens. – Wir loben dich.
A.: Wir preisen dich.
O Gott, laß uns in der Gemeinschaft mit denen, die du geheiligt hast, verbleiben und in dir die Vollendung finden. Durch Christus, unsern Herrn. Amen.

Gebete und Gesänge bei Bestattungen

Allgemeine Tagesgebete (Orationen)

Gott, durch den Tod deines Sohnes Jesus Christus hast du den Tod überwunden und uns eine neue Zukunft geschenkt. Wir vertrauen auf dein Wort und bitten: Gib **N.** Anteil an der neuen Schöpfung. Durch Christus, unsern Herrn.

Herr, unser Leben ist kurz und zerbrechlich; du aber lebst für immer, und deine Liebe ist stärker als der Tod. Wir empfehlen dir unseren Bruder (unsere Schwester) **N.**, der (die) uns verlassen hat: Verzeih ihm (ihr) alles Böse, das er (sie) getan hat, und schenke ihm (ihr) ewiges Leben bei dir. Durch Christus, unsern Herrn.

Die Worte fehlen uns, Herr. So nimm unser Schweigen an als ein Gebet für **N.**, dem (der) du in seinem (ihrem) ganzen Leben deine Liebe angeboten hast. Sein (ihr) Weg führt ihn (sie) zu dir; nimm ihn (sie) auf in das Licht und den Frieden deines Reiches. Deine Liebe sei für uns das Licht auf dem Weg bis zu dem Tag, an dem du uns bei dir versammeln wirst durch Christus, unsern Herrn.

Herr, bei dir finden wir Leben und Glück. Durch den Tod und die Auferstehung deines Sohnes hast du uns vom ewigen Tod befreit. Sei gnädig mit **N.**, der (die) die Auferstehung deiner Gläubigen gemeinsam mit uns bekannt hat. Gib ihm (ihr) Teil an den Freuden der ewigen Seligkeit. Durch Christus, unsern Herrn.

Herr, unser Gott, du bist allen nahe, die zu dir rufen. Auch wir rufen zu dir aus Not und Leid. Laß uns nicht versinken in Mutlosigkeit und Verzweiflung, sondern tröste uns durch deine Gegenwart. Gib uns die Kraft deiner Liebe, die stärker ist als der Tod. Mit unsern Verstorbenen führe auch uns zum neuen und ewigen Leben. Durch Christus, unsern Herrn.

Gott, unser Vater, erfülle unser ganzes Leben mit der Freude, daß wir erlöst sind, und stärke unsere Hoffnung, daß Christus uns auferweckt am Tag seiner Wiederkunft. Der mit dir lebt und herrscht in Ewigkeit.

Ewiger Gott, du hast uns durch den Tod und die Auferstehung deines Sohnes, unseres Herrn Jesus Christus, getröstet und gestärkt. Wende uns in Güte dein

Antlitz zu und bleibe bei uns, bis wir mit verklärtem Leib zum unvergänglichen Leben auferstehen. Durch Christus, unsern Herrn.

Heiliger Gott, dein Sohn hat für uns die Marter des Kreuzes auf sich genommen, um uns von der Macht des Bösen zu befreien. Gib, daß wir mit ihm das Kreuz des Lebens tragen und so auch mit ihm verherrlicht werden. Der mit dir lebt und herrscht in Ewigkeit.

Gelobt seist du, ewiger Gott, du bist der König der Welt und herrschst über alle deine Geschöpfe.
Gelobt seist du, heiliger Richter aller Menschen, dein Urteil bleibt für immer, weil es gesprochen ist in Gerechtigkeit und Barmherzigkeit.
Gelobt seist du, allmächtiger und gnädiger Herr. Du führst in das Reich des Todes und wieder heraus.
Wir danken dir, dreieiniger Gott, daß wir samt allen deinen Gläubigen im Leben wie im Tod bei dir geborgen sind. Gepriesen sei dein heiliger Name in Ewigkeit. Amen.

In besonderen Fällen

Für eine (n) plötzlich Verstorbene (n):
Erschüttert stehen wir am Sarge unseres Bruders (unserer Schwester) **N.** Wir können seinen (ihren) plötzlichen Tod nicht begreifen. Doch wir müssen uns deinem Ratschluß beugen, denn du hast Maßstäbe, die wir nicht kennen. Wir glauben nicht, daß Zufall oder blindes Schicksal ihn (sie) aus unserer Mitte gerissen hat. Denn ob wir leben oder sterben, wir gehören dir. Darum bitten wir: Nimm unsern Bruder (unsere Schwester) auf in dein Leben und hilf uns, in unserem Leid die ganze Tiefe deiner Liebe neu zu entdecken. Durch Christus, unsern Herrn. Amen.

Allmächtiger, ewiger Gott, du hältst unser Leben in deinen Händen. Höre auf unser Gebet und sei um der Liebe Christi willen deinem Diener (deiner Dienerin) **N.** gnädig, den (die) du so plötzlich aus unserer Gemeinschaft abberufen hast. Schau nicht auf seine (ihre) Fehler und Sünden, sondern verzeih ihm (ihr) und führe ihn (sie) zur Freude des ewigen Lebens. Durch Christus, unsern Herrn.

Für eine (n) nach langem Leiden Verstorbene (n):
Herr, unser Gott, unser Bruder (unsere Schwester) **N.** hat Krankheit und Not erduldet und so an seinem (ihrem) Leib vollendet, was am Leiden Christi noch aussteht. Da er (sie) teilgenommen hat an den Schmerzen deines Sohnes, gib ihm (ihr) auch Anteil an seiner Auferstehung. So bitten wir durch Christus, unsern Herrn.

Für eine (n) verstorbene (n) Jugendliche (n):
Gott, wir wissen, du bist der Herr des Lebens; du kannst es geben, du kannst es nehmen. Wir sind erschüttert durch den Tod von **N.**, der (die) unserer Liebe so früh entrissen wurde. Hilf uns Trost finden in der Hoffnung und schenke ihm (ihr) die Fülle des Lebens, für die er (sie) geschaffen ist. Durch Christus, unsern Herrn.

Für ein Kind:
Allmächtiger Gott, unbegreiflich sind uns deine Pläne. Aber wir wissen, daß du uns liebst. Du hast diesem Kind nicht nur das irdische Leben geschenkt, sondern auch die neue Geburt aus dem Wasser und dem Heiligen Geist. Darum lebt es jetzt in der Freude bei dir. Wir bitten dich: Gib auch uns die Gnade, unser letztes Ziel zu erreichen. Durch Christus, unsern Herrn.

Für ein ungetauftes Kind:
Gott, du durchschaust die Herzen und tröstest die Trauernden. Du weißt um den Glauben dieser Eltern, die den Tod ihres Kindes beweinen. Gewähre ihnen Trost in der Zuversicht, daß es bei dir geborgen ist. So bitten wir durch Christus, unsern Herrn.

In außergewöhnlichen Fällen:
Gütiger Vater aller Menschen, wir bitten dich für deinen Diener (deine Dienerin) **N.**, dessen (deren) Leben durch Dunkelheit geführt hat. Befreie ihn (sie) von allem Leid und führe ihn (sie) zu Glück und Freude in deinem Reich. Vergib uns, was wir durch Unverständnis an ihm (ihr) gesündigt haben, und hilf uns verstehen, was du uns durch dieses Menschenleben sagen wolltest. Erhalte uns den Glauben, der die Welt überwindet, und führe den Tag herauf, der alles Stückwerk vollendet. Durch Christus, unsern Herrn.

Meditative Gebete

Was wir verloren haben, hat uns Gott gegeben. Da er es uns wieder genommen, so geschehe des Herrn Wille. Gott weiß besser als wir, was uns frommt und zum Heile dient. *Hl. Thomas Morus*

Weine nicht übermäßig wie diejenigen, die all ihr Denken an dieses vergängliche und armselige Leben verschenken und sich nicht darauf besinnen, daß wir fortwandern in die Ewigkeit, wo wir nach einem christlichen Leben unsere lieben Verstorbenen wiederfinden werden, um sie nie mehr verlieren zu müssen.
Hl. Franz von Sales

Wir trauern nicht, daß wir einen so herrlichen Menschen verloren haben. Wir danken Gott, daß er unser war; nein, daß er unser ist. Denn vor Gott lebt alles, und wer zum Herrn heimkehrt, der bleibt in der Familie.

Hl. Hieronymus

Litanei für Verstorbene (s. S. 45f.)

Gräbersegen

Über ein Grab

Herr, unser Gott, dein sind wir im Leben und im Tod. Wir bitten dich: Segne dieses Grab und führe deinen Diener (deine Dienerin) **N.**, dessen (deren) Leib wir hier bestatten, zur Auferstehung und zum Leben. Uns aber stärke im Glauben an das unfaßbare Geheimnis des Lebens in Jesus Christus, unserm Herrn. Amen.

Über einen Friedhof

Allmächtiger Gott, bei dir finden wir Leben und Glück. Durch den Tod und die Auferstehung deines Sohnes hast du uns vom ewigen Tod befreit. Sei gnädig mit allen, deren Leib auf diesem Friedhof bestattet ist. Sie haben die Auferstehung deiner Gläubigen gemeinsam mit uns bekannt. Gib ihnen Teil an den Freuden der ewigen Seligkeit. Durch Christus, unsern Herrn. Amen.

Biblische Lobgesänge

Lobgesang des Zacharias

(Benedictus; Lukas 1, 68–79)

Kehrvers

Psalmodie

1. Gepriesen sei der Herr, der Gott Israels! *
Denn er hat sein Volk besucht und ihm Erlösung geschaffen;
2. er hat uns einen starken Retter erweckt *
im Hause seines Knechtes David.
3. So hat er verheißen von alters her *
durch den Mund seiner heiligen Propheten.
4. Er hat uns errettet vor unsern Feinden *
und aus der Hand aller, die uns hassen;
5. er hat das Erbarmen mit den Vätern an uns vollendet/
und an seinen heiligen Bund gedacht, *
an den Eid,
den er unserm Vater Abraham geschworen hat;
6. er hat uns geschenkt, daß wir, aus Feindeshand befreit,/
ihm furchtlos dienen in Heiligkeit und Gerechtigkeit *
vor seinem Angesicht all unsre Tage.

7. Durch die barmherzige Liebe unseres Gottes *
wird uns besuchen das aufstrahlende Licht aus der Höhe,
8. um allen zu leuchten, die in Finsternis sitzen und im Schatten des Todes, *
und unsre Schritte zu lenken auf den Weg des Friedens.
9. Ehre sei dem Vater und dem Sohn *
und dem Heiligen Geist.
10. Wie im Anfang, so auch jetzt und alle Zeit *
und in Ewigkeit. Amen.
Kehrvers

Lobgesang Marias (Magnificat; Lukas 1,46–55)

Kehrvers

Psalmodie

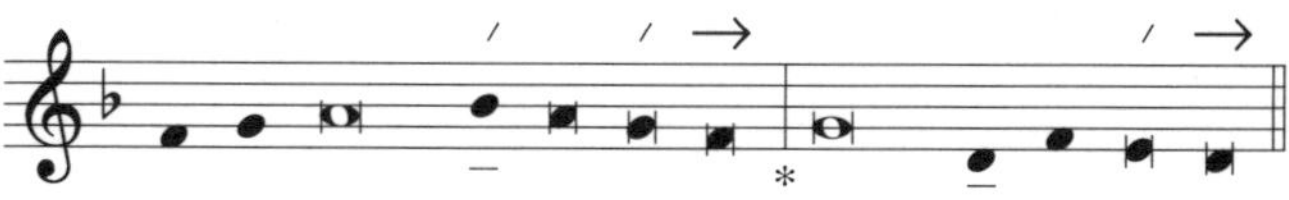

1. Meine Seele preist die Größe des Herrn, *
und mein Geist jubelt über Gott, meinen Retter.
2. Denn auf die Niedrigkeit seiner Magd hat er geschaut. *
Siehe, von nun an preisen mich selig alle Geschlechter!
3. Denn der Mächtige hat Großes an mir getan, *
und sein Name ist heilig.
4. Er erbarmt sich von Geschlecht zu Geschlecht *
über alle, die ihn fürchten.
5. Er vollbringt mit seinem Arm machtvolle Taten: *
er zerstreut, die im Herzen voll Hochmut sind;
6. er stürzt die Mächtigen vom Thron *
und erhöht die Niedrigen.
7. Die Hungernden beschenkt er mit seinen Gaben *
und läßt die Reichen leer ausgehn.
8. Er nimmt sich seines Knechtes Israel an *
und denkt an sein Erbarmen,
9. das er unsern Vätern verheißen hat, *
Abraham und seinen Nachkommen auf ewig.
10. Ehre sei dem Vater und dem Sohn *
und dem Heiligen Geist.
11. Wie im Anfang, so auch jetzt und alle Zeit *
und in Ewigkeit. Amen.
Kehrvers

Lobgesang des Simeon
(Nunc Dimittis; Lukas 2, 29–32)

Kehrvers

Psalmodie

1. Nun läßt du, Herr, deinen Knecht, *
wie du gesagt hast, in Frieden scheiden.
2. Denn meine Augen haben das Heil gesehen, *
das du vor allen Völkern bereitet hast,
3. ein Licht, das die Heiden erleuchtet, *
und Herrlichkeit für dein Volk Israel.
4. Ehre sei dem Vater und dem Sohn *
und dem Heiligen Geist.
5. Wie im Anfang, so auch jetzt und alle Zeit *
und in Ewigkeit. Amen.
Kehrvers

Lieder

Herr, gib Frieden dieser Seele (GL 911)
Jesu, dir jauchzt alles zu (GL 827,2)
Mein Hirt ist Gott, der Herr (GL 841)
Nun freue dich, du Christenheit (GL 222)
O Welt, ich muß dich lassen (GL 659)
Wenn ich einmal soll scheiden (GL 179,6)
Wer nur den lieben Gott läßt walten (GL 295)
Wer unterm Schutz des Höchsten steht (GL 291)
Wir sind nur Gast auf Erden (GL 656)

Zeichen christlicher Hoffnung

Unser christlicher Glaube drückt sich auch in Zeichen aus. Angesichts eines Trauerfalles werden solche Zeichen zu einem Bekenntnis: in der Gestaltung der Todesanzeigen, des Sterbebildes, der Danksagung, der Kranzschleifen bis hin zur Gestaltung des Grabmales.

Todesanzeigen

Die Mitteilung über den Tod eines Menschen kann bereits zum Zeugnis des christlichen Glaubens an die Auferstehung werden. Das kommt bei Todesanzeigen in der Zeitung zum Ausdruck, wenn wir diese mit dem Kreuz, einem kurzen Text aus der Heiligen Schrift oder aus der Liturgie gestalten.

Die Todesanzeige soll neben dem Namen des/der Verstorbenen den Tag seines/ihres Todes, die Termine und den Ort des Begräbnisgottesdienstes und des Begräbnisses bekanntgeben. Solche Anzeigen können darauf hinweisen, daß Angehörige anstelle von Kranz- und Blumenspenden um eine Spende für einen guten Zweck (z. B. Adveniat, Misereor, caritative Einrichtung) bitten. Dies ist dann sinnvoll, wenn der/die Verstorbene dies ausdrücklich gewünscht oder dazu in seinem/ihrem Leben eine besondere Verbindung hatte.

Die folgenden Anzeigenbeispiele wollen als Anregung verstanden werden.

Der Tod ist die uns zugewandte Seite jenes Ganzen, dessen andere Seite Auferstehung heißt.

Romano Guardini

Gott hat sie heimgeholt, meine liebe Frau, unsere gute Mutter und Großmutter, meine Schwester

N. N.

* 1912 † 1995

Wir danken ihr für ihre Liebe und Güte, für ihren Lebensmut und Frohsinn.

N. N.

6. 3. 1995

Das Seelenamt findet statt am Donnerstag, dem 9.3.1995, um 9.00 Uhr in der St. Antonius Pfarrkirche. Anschließend ist die Beerdigung im Familienkreis. Anstelle zugedachter Kränze und Blumen erbitten wir im Sinne unserer Mutter eine Spende zugunsten der Kinderkrebshilfe.

Das Wort ist wahr:
Wenn wir mit Christus gestorben sind,
werden wir auch mit ihm auferstehen.
2 Tim 2,11

N. N.

geb. 1904 gest. 1995

Im Glauben an die Auferstehung mit Christus verstarb heute meine liebe Frau, unsere gute Mutter, Schwiegermutter, Großmutter und Urgroßmutter, gestärkt mit der heiligen Eucharistie.

Um ein Gebet für die Verstorbene bitten:
N. N.

Neuss, den 13. 2. 1995

Die Beerdigung ist am Freitag, dem 17. 2. 1995, um 11 Uhr von der Leichenhalle aus. Anschließend ist die Eucharistiefeier in der Pfarrkirche St. Pius.

Statt zugedachter Blumen bitten wir auf Wunsch der Verstorbenen um eine Spende für die Caritas.

Der Herr über Leben und Tod nahm unsere Mutter

N. N.

am 7. 1. 1995 im Alter von 54 Jahren nach längerer Krankheit zu sich in die ewige Heimat.

Die Sakramente der Kirche waren ihr ein Leben lang Trost und Hilfe.

Kevelaer, den 9. 1. 1995

Im Namen aller Verwandten

Ich bin die Auferstehung und das Leben!

Unser lieber, guter Vater

N. N.

ist im Glauben an die Auferstehung am 18. 4. 1995 im Altern von 49 Jahren verstorben.

Leipzig, den 20. 4. 1995 **N. N.**

Eucharistiefeier mit anschließender Beerdigung am 21. 4. 1995 in der Kirche St. Bonifatius.

Die Todesanzeige eines Priestermönches will als Anregung beim Tod eines Ordenschristen oder Priesters verstanden werden.

„Gott, du mein Gott,
dich suche ich,
meine Seele dürstet nach dir."
(Psalm 63,2)

+
PAX

Am späten Nachmittag des heutigen Mariensamstags wurde der Alterssenior unseres Konvents, unser lieber Mitbruder

N. N.

von Gott heimgerufen. In gläubigem Vertrauen hat er sich nach dieser Stunde gesehnt.
Er stand im 92. Lebensjahr, im 70. Jahr seiner Mönchsprofeß und im 66. Jahr seines Priestertums.
Im Laufe seines langen Klosterlebens bekleidete er die Ämter des Subpriors, Kantors, Brüderinstruktors und Oblatenrektors.
Wir empfehlen unseren Mitbruder dem betenden Gedenken.

Requiescat in pace!

ABT UND KONVENT

Das Requiem feiern wir am Mittwoch, Fest Kreuzerhöhung, dem 14. September 1994, um 15.00 Uhr in der Abteikirche, anschließend Beisetzung auf dem Klosterfriedhof.

Formulierungsbeispiele für Todesanzeigen:

Im Glauben an die Auferstehung mit Christus und gestärkt durch die Sakramente verstarb …

Gott, der Herr über Leben und Tod, nahm heute plötzlich und unerwartet … zu sich in sein Reich.

Gläubig und voller Zuversicht fand sie, nach langer Krankheit, heim in den Frieden Gottes.

Vorbereitet durch ein christliches Leben verstarb heute …

In Trauer und Dankbarkeit nehmen wir Abschied von …

Wir sind erschüttert durch den Tod von …, der uns so früh entrissen wurde. Der Herr über Leben und Tod lasse uns Trost finden in der Hoffnung.

Gott, der Herr über Leben und Tod, hat … heimgeholt in den ewigen Frieden.

Gott, der Allmächtige, hat … in die ewige Heimat gerufen.

Unsere liebe Mutter und Tante … hat nach einer kurzen Krankheit ihren irdischen Lebensweg vollendet und ist heimgegangen zu ihrem Herrn und Schöpfer.

Völlig unerwartet für uns alle starb unser Sohn und Bruder … am … durch einen Arbeitsunfall. Er stand erst im … Lebensjahr.

Wir nehmen Abschied von unserer guten Schwester … Gläubig und voller Zuversicht fand sie, nach kurzer Krankheit, heim in den Frieden Gottes.

Beim Haupttext wird meist angegeben, daß der (die) Verstorbene die Sakramente empfangen hat. Dabei sollte man beachten:
Konnte der (die) Verstorbene noch Beichte, Krankensalbung und Eucharistie empfangen, kann man schreiben:

Gestärkt durch die Eucharistie, die er im Glauben an Jesus Christus empfangen hat.

Gestärkt durch die Wegzehrung.

Nach dem Empfang der Sakramente.

Gestärkt durch die Sakramente der Kirche.

Im Glauben an seinen Schöpfer und Herrn.

Im Glauben an die Auferstehung.

Vorbereitet durch den Empfang der Sterbesakramente.

Vorbereitet durch ein christliches Leben.

Vorbereitet durch den Empfang der Eucharistie.

Für die Bezeichnung der Messe kann man folgende Ausdrücke verwenden:

Die Eucharistie wird gefeiert.

Das Requiem wird gefeiert.

Die Begräbnismesse wird gefeiert.

Konnte der (dem) Verstorbenen die Wegzehrung oder die Krankensalbung nicht mehr gespendet werden, kann man schreiben:

Er starb im Glauben an Jesus Christus.

Nach einem Leben aus dem Glauben.

Besondere Todesanzeigen, die an Verwandte und Bekannte weitergegeben werden, können durch eine sorgfältige Gestaltung mit Symbolen und deutenden Texten zu einem beeindruckenden Zeugnis unserer Trauer, aber auch unserer Hoffnung werden:

Ähre:
„Was gesät wird, ist verweslich, was auferweckt wird, unverweslich.“ (1 Kor 15,42)

„Wenn das Weizenkorn nicht in die Erde fällt und stirbt, bleibt es allein; wenn es aber stirbt, bringt es reiche Frucht.“ (Joh 12,24)

Das Kreuz:
„Aus Liebe zu uns hat er erduldet das Kreuz, durch den Tod vernichtet den Tod.“
(Byzantinische Liturgie)

„Dein Kreuz, o Herr, verehren wir, und deine heilige Auferstehung preisen und rühmen wir: Siehe durch das Holz des Kreuzes kam Freude in alle Welt.“
(Karfreitag)

Die Hand:
„Die Rechte des Herrn wirkt mit Macht. Ich werde nicht sterben, sondern leben …“ (Ps 118,16f)

Das Lamm:
„Selig, wer zum Hochzeitsmahl des Lammes eingeladen ist.“ (Offb 19,9)

Der Kranz:
„Sei treu bis in den Tod; dann werde ich dir den Kranz des Lebens geben.“ (Offb 2,10)

Der gute Hirt:
„Ich bin der gute Hirt; ich kenne die Meinen, und die Meinen kennen mich.“ (Joh 10,14)

Das Licht:
„Ich bin das Licht der Welt. Wer mir nachfolgt, wird nicht in der Finsternis umhergehen, sondern wird das Licht des Lebens haben.“ (Joh 8,12)

Kranzschleifen

Blumen und Kränze sind Zeichen des Lebens. Sie drücken unsere liebende Beziehung zu den Verstorbenen aus. Unser Glaube an das ewige Leben bei Gott sollte auch durch einen kurzen Spruch auf Kranzschleifen zum Ausdruck kommen. Mögliche Texte können lauten:

- In Dankbarkeit
- Verbunden über das Grab hinaus
- Lebe in Christus
- Im Glauben an die Auferstehung
- In Liebe
- Verbunden in der Hoffnung
- Verbunden im Glauben
- Dein Reich komme

Formulierungen wie „Letzte Grüße“ oder „Ruhe sanft“ sind zu vermeiden.

Danksagung

Es entspricht einem zutiefst christlichen Verhalten, denjenigen zu danken, die für einen (eine) Verstorbene (n) gebetet, an seiner (ihrer) Beisetzung teilgenommen und die Hinterbliebenen getröstet haben. Viele drücken ihre Dankbarkeit in einer Zeitungsanzeige oder durch Briefkarten aus. Dabei kann je nach örtlichem Brauch auch auf das Sechswochenamt oder den Dreißigsten hingewiesen werden. Folgende Beispiele mögen zur Anregung dienen:

– Von Herzen sage ich allen Dank für die mitfühlende Anteilnahme beim Heimgang meiner Schwester. Die zahlreichen Bekundungen in diesen Wochen durch gesprochenes oder geschriebenes Wort, durch Zeichen am Grab, durch Kränze, Blumen und Spenden haben deutlich die Verbundenheit und Freundschaft zum Ausdruck gebracht. So danke ich allen für alle Freude, für alles Gutsein, das sie meiner Schwester in ihr Leben hineingeschenkt haben. Wir dürfen uns **N. N.** weiterhin in Christus verbunden wissen.

– Für alle Zeichen der Verbundenheit und des Trostes, die wir beim Heimgang meiner lieben Frau, unserer guten Mutter und Tante

N. N.

erfahren durften, spreche ich im Namen aller Angehörigen unseren herzlichen Dank aus. In der Zuversicht des Glaubens danken wir besonders für das fürbittende Gebet für die liebe Verstorbene.

– Zum Heimgang unseres lieben Vaters **N. N.** haben wir viele Beweise aufrichtiger Liebe erfahren. Wir danken allen für Ihre tröstliche Anteilnahme und ihr Gebet.

Totenbild

Das Sterbebild, das beim Beerdigungsgottesdienst verteilt oder später mit der Danksagung verschickt wird, soll das Andenken an den (die) Verstorbenen (Verstorbene) in Erinnerung halten. Diese Bilder sollen die christliche Hoffnung auf die Auferstehung ausdrücken, den Trauernden Trost schenken und zum fürbittenden Gebet einladen.
Ein Totenbild sollte Bezug auf die Anzeige nehmen. Auf der Vorderseite (beim zweiseitigen Totenbild) kann

ein christliches Kunstbild oder ein Spruch abgedruckt werden; auf der Rückseite sollten ein Kreuz oder ein anderes christliches Symbol zum Gebetsgedenken für den (die) Verstorbenen (Verstorbene) einladen. Vermerkt werden kann auch der Todestag und die Todesursache, das erreichte Lebensalter und ein christlicher Spruch oder ein Gebet aus der Liturgie.

„Ich bin die Auferstehung und das Leben; wer an mich glaubt, wird leben, auch wenn er stirbt.“ Joh 11,25

Zum Gebetsgedenken

N. N.

Arnsberg-Neheim

* 25. März 1934
† 21. November 1994

Der Tod eines geliebten Menschen ist wie das Zurückgeben einer Kostbarkeit, die uns der liebende Gott unverdient lange geliehen hat.

Herr, schenke ihr die ewige Freude.

Fürchte dich nicht, denn ich erlöse dich, ich habe dich bei deinem Namen gerufen, mein bist du. Jes 43,1

Wir gedenken im Gebet

N. N.

Geboren: 27. 7. 1935

Gestorben: 29. 3. 1992

Allmächtiger Gott, wir bitten Dich, laß sich ihr Leben in der Liebe des auferstandenen Sohnes Jesus Christus vollenden. Amen.

Verzeichnis der Schriftlesungen und Psalmen

Altes Testamtent

2 Makkabäer 12,43-45

Psalm 8,1-5; 22,2-6.10-12. 23-26.29-32; 23,1-6; 23,1-8; 27,1-13; 42, 2-3.12; 63,2-9; 103,1-8; 130,1-6b.6c-7a.8; 130,1-9; 146,1b-10

Ijob 19,1.23-27

Weisheit 1,13-15; 3,1-6.9

Jesaja 25,6a.7-9; 43,1-3

Ezechiel 37,12b-14

Neues Testament

Matthäus 5,1-12a; 11,25-30

Markus 10,13-16; 15,33-39

Lukas 1,46-55; 1,68-79; 2,29-32; 12,35-40; 23,33. 39-43

Johannes 5,24-29; 6,37-40; 10,14-15.27-29; 12,23-26; 14,1-3; 17,24-26

Apostelgeschichte 17,22a.24-28a

Römer 6,3-9; 14,7-9.10c-12

1 Korinther 15,20-24a. 24c-28

2 Korinther 5,1.6-10

Philipper 3,20-21

1 Thessalonicher 4,13-18

1 Johannes 3,1-2

Literatur und Materialien für die Praxis

Arbeitshilfe 109, „Eltern trauern um ihr neugeborenes Kind. Hinweise zur seelsorglichen Begleitung“, hg. vom Sekretariat der Deutschen Bischofskonferenz, Bonn 1993.

Bischöfliches Generalvikariat Münster, Hauptabteilung Seelsorge (Hg.), Herr, gib ihnen das ewige Leben bei dir. Hilfen aus der christlichen Hoffnung in Tod und Trauer, Münster o. J.

Bischöfliches Generalvikariat Hildesheim (Hg.), Pastorale Hilfen. Tod und Begräbnis, Hildesheim 1990.

Bischöfliches Seelsorgeamt Regensburg (Hg.), Materialmappe für den Todesfall, Regensburg o. J.

Die deutschen Bischöfe 53, „Unsere Sorge um die Toten und die Hinterbliebenen. Bestattungskultur und Begleitung von Trauernden aus christlicher Sicht“, hg. vom Sekretariat der Deutschen Bischofskonferenz, Bonn 1994.

Die Feier der heiligen Messe. Meßbuch für die Bistümer des deutschen Sprachgebietes. Kleinausgabe. Benziger, Einsiedeln und Köln – Herder, Freiburg, Basel, Wien – Friedrich Pustet, Regensburg – St. Peter, Salzburg – Veritas, Linz [2]1988.

Die Feier der heiligen Messe. Meßlektionar für die Bistümer des deutschen Sprachgebietes. Bd. VII., Benziger, Einsiedeln und Köln – Herder, Freiburg, Basel, Wien – Friedrich Pustet, Regensburg – St. Peter, Salzburg – Veritas, Linz 1986.

Die Feier der Krankensakramente. Die Krankensalbung und die Ordnung der Krankenpastoral in den katholischen Bistümern des deutschen Sprachgebietes. Benziger, Solothurn und Düsseldorf – Herder, Freiburg, Basel, Wien – Friedrich Pustet, Regensburg – St. Peter, Salzburg – Veritas, Linz ²1994.

Die kirchliche Begräbnisfeier in den katholischen Bistümern des deutschen Sprachgebietes. Benziger, Einsiedeln und Köln – Herder, Freiburg, Basel, Wien – Friedrich Pustet, Regensburg – St. Peter, Salzburg – Veritas, Linz ²1989.

Erzbischöfliches Seelsorgereferat München (Hg.), Christliches Sterben, München o.J.

Gotteslob. Katholisches Gebet- und Gesangbuch. Ausgabe Bistum Münster, Münster ⁹1993.

Kleines Rituale für besondere pastorale Situationen, hg. von den Liturgischen Instituten Salzburg-Trier-Zürich, Benziger, Einsiedeln und Zürich – Herder, Freiburg, Basel, Wien 1988.

K. Richter, Zeichen der Hoffnung in Tod und Trauer. Ein Werkbuch für die pastoralliturgische Praxis, Herder, Freiburg, Basel, Wien 1988.

K. Richter (Hg.), Der Umgang mit den Toten. Tod und Bestattung in der christlichen Gemeinde; in: Quaestiones Disputatae, Bd. 123, Herder, Freiburg, Basel, Wien 1990.